MÉTAMORPHOSES
DE L'AMOUR

DU MÊME AUTEUR

Philosophie

LE DÉSIR ET LE TEMPS, PUF, 1971 ; nouvelle édition Librairie philosophique J. Vrin, Paris, 1992, 3e éd.

ALIÉNATION ET LIBERTÉ, Masson, 1972 (épuisé).

L'EXPÉRIENCE DE LA PENSÉE DANS LA PHILOSOPHIE DE DESCARTES, J. Vrin, 1978, 2e éd.

ONTOLOGIE DU TEMPS, PUF, 1983.

INTRODUCCIÓN A LA FILOSOFÍA DE LA HISTORIA DE K. MARX, Madrid, Dossat, 1986 (épuisé).

SIX ÉTUDES SUR LA VOLONTÉ ET LA LIBERTÉ CHEZ DESCARTES, J. Vrin, 1988, 2e éd.

DESCARTES, LA MORALE, présentation et choix de textes, J. Vrin, 1992.

ETUDES CARTÉSIENNES, DIEU, LE TEMPS, LA LIBERTÉ, J. Vrin, 1996.

LE TRAVAIL, COMMUNION ET EXCOMMUNICATION, PUF, 1998 (traduit en espagnol).

BREF TRAITÉ DU DÉSENCHANTEMENT, PUF, 1998 (épuisé, traduit en espagnol au Mexique) ; nouvelle édition Livre de poche « Essais », 2004.

AMBIGUÏTÉS DE LA LIBERTÉ, PUF, 1999 (traduit en catalan et en polonais).

L'HOMME DISLOQUÉ, PUF, 2001 (épuisé).

TRAITÉ DES SOLITUDES, PUF, 2003.

SOCRATE, LE SORCIER, PUF, 2004 (traduit au Brésil en portugais, en grec, et en chinois).

TRAITÉ DE LA BANALITÉ, PUF, 2005 (traduit en roumain).

DESCARTES ET SES FABLES, PUF, 2006.

(suite en fin de volume)

NICOLAS GRIMALDI

MÉTAMORPHOSES
DE L'AMOUR

BERNARD GRASSET
PARIS

ISBN 978-2-246-77811-0

Pas d'obsession plus commune que celle de l'amour, et pas d'expérience moins explicable. Le pur hasard d'une rencontre suffit en effet à fixer notre disposition amoureuse sur une personne. Pour peu que son attente nous paraisse répondre à la nôtre, c'en est fait. C'est elle que nous aimerons.

Sans doute imaginons-nous la douceur d'être auprès d'elle, et l'intensité d'émotions d'autant plus vives qu'elles seraient plus partagées. Il nous semble alors qu'en unissant nos vies nous les aurions soustraites à la frilosité de leur solitude et à la fadeur de l'ennui. Rien n'est pourtant plus improbable ni plus fantasmatique que d'attendre d'une personne la musicalité de notre vie.

Car cette personne sur laquelle se cristallisent toutes nos attentes et tous nos désirs, nous n'en connaissons généralement rien. Quel est son caractère ? Quel est son tempérament ? Quelles attentes sont les siennes ? Quels sont véritablement ses goûts ? Nous l'ignorons d'autant plus que notre imagination lui prête tous les nôtres, et qu'elle-même ne prend aucun soin de nous en détromper. Tout au contraire, rien ne l'émerveille tant que l'émerveillement qu'elle nous cause. Aussi sent-elle naître à notre égard d'autant plus d'inclination que tout ce que nous imaginons d'elle est plus éloigné de ce qu'elle est. Ce qu'elle aime en nous, c'est le regard que nous portons sur elle. Notre ravissement la ravit. Et si nous finissons par l'émouvoir, c'est parce qu'elle est émue de susciter autant d'émotion.

Comment, dans ces conditions, ne nous tromperions-nous pas ? D'une part, en effet, rien ne nous plaît tant que ce que nous imaginons. D'autre part, rien ne plaît tant à la personne aimée que les rêves que nous formons à son sujet. Moins ils lui ressemblent, plus elle s'y reconnaît. Aussi consent-elle à écarter toutes les raisons qu'elle aurait de ne pas nous aimer, à cause du mérite que nous avons de la voir et de la connaître telle qu'il lui aurait plu de se voir et d'être reconnue. Ce qu'elle finit par aimer, c'est donc moins celui qui l'aime que la façon dont il l'aime, au point de se résigner à l'aimer pour qu'il ne se lasse pas de le faire.

Cette personne que nous aimons sans la connaître, et qui ne nous est si présente que parce que nous la recréons sans cesse en l'imaginant, un tout simple hasard en a fait l'objet de nos rêveries. Nous l'avons fortuitement inventée plutôt que nous ne l'avons choisie. Mais son image nous est désormais si intime, si obsédante, que nous ne pouvons plus nous en détacher. Parce qu'il nous semble que nous ne pourrions pas vivre sans elle, il nous semble aussi que nous aurions manqué notre vie si nous ne l'avions rencontrée. Ainsi en venons-nous à croire nécessaire une inclination toute imaginaire et dont seul le hasard nous a fourni l'occasion.

Il y a donc en tout amour une sorte d'envoûtement. Contre toute raison, il récuse en effet la contingence de son origine. Qu'à défaut de croiser telle personne il eût rencontré telle autre, et qu'il eût donc tout aussi spontanément fixé sur celle-ci les obsédantes imaginations qui l'attachent à celle-là, il s'offusque de le savoir. Il le nie. Inhérent à l'imaginaire amoureux, il y a donc un mythe qu'il se refuse à dissiper pour n'avoir pas à reconnaître son frêle fondement : c'est celui de sa prédestination. Car il y a une sorte de fantasme messianique de l'amour : « Le voici donc enfin, celui que j'attendais ! » ou « C'est vous, mon prince ? Vous vous êtes fait bien longtemps attendre ! »

Aussi le principal paradoxe de l'amour est-il de nous faire éprouver comme nécessaire ce qu'il y a de plus contingent, et comme incomparable la plus banale personne. Dès lors, tout lui est subordonné. Rien ne nous importe que par rapport à lui. Comme toute expérience l'atteste, il n'y a rien de si sacré que nous ne soyons prêts à lui sacrifier. Il est devenu la valeur absolue.

Mais, contrairement à ce qu'en avait décrit Stendhal, l'amour ne nous fait pas apparaître une personne autrement qu'elle n'est[1]. Nous ne nous représentons pas la grande comme si elle était petite, ni la grosse comme si elle était maigre, ni la taciturne comme si elle était bavarde. Ce qu'on nomma depuis « cristallisation » consiste seulement à imaginer la luminosité, la légèreté, l'intensité et la ferveur d'une existence qu'elle partagerait. *Notre amour ne transfigure donc pas la personne aimée, mais nous fait imaginer notre existence transfigurée par elle.* En vivant auprès d'elle, il nous semble en effet que nous serions admis en un monde

---

1. Cf. Stendhal, *De l'amour*, Paris, GF Flammarion, 1965, p. 338 : « Les actes de folie répétés par lesquels un amant aperçoit toutes les perfections de la femme qu'il commence à aimer, s'appelèrent toujours entre nous *cristallisation*. »

merveilleux où la prose se changerait en poésie. Comme le fait dire Stendhal lui-même à l'amoureux d'Ernestine, «jamais auprès d'une telle femme je ne connaîtrais la satiété »[1]. Ce que la femme aimée nous fait imaginer, c'est donc le prodige à la fois d'une perpétuelle promesse et d'un perpétuel accomplissement, comme s'il était possible qu'auprès d'elle la vie n'en finisse pas de commencer.

Il va de soi qu'il s'agit donc d'une imagination sans image. Simplement, nous imaginons la globalité de notre vie, son rythme, sa tonalité, son éclat, comme une scénographie où elle aurait le principal rôle. Cette scénographie, nous ne la voyons pas comme s'il pouvait s'agir d'un film que nous regarderions les yeux fermés. Même, nous n'en voyons strictement rien. Simplement, nous nous complaisons à la jouer, à la mimer intérieurement. Et cette sorte de fièvre ou de capiteuse ivresse qui nous

____

1. *Ibid.*, p. 363.

en viennent, ce sont elles que nous voudrions susciter en notre vie. Parce que nous les lui attribuons, nous attendons de la personne aimée qu'elle joue auprès de nous ce rôle que nous lui avons parfois fait tenir dans nos rêves. Si notre imagination lui a confié ce rôle, c'est comme un metteur en scène engage une actrice : non qu'il la connaisse, ou qu'il ait déjà admiré dans diverses autres pièces son exceptionnel talent, mais parce qu'à un moment donné sa démarche, un sourire, une intonation, un regard, peut-être même quelque poétique maladresse, lui ont paru correspondre à la tonalité qu'il aurait aimé donner à son film.

La femme que nous aimons, c'est l'actrice que nous rêvons d'enrôler pour nous donner la réplique dans ce qui pourrait être le film de notre vie. De l'argument de ce film, pas plus que de ses acteurs, il va de soi que nous ne connaissons rien. Non seulement le scénario n'en sera jamais écrit, mais on n'en peut même rien prévoir. La seule chose toutefois que nous en puissions imaginer, c'est le rythme et la tonalité que nous voudrions lui donner. Tel aspire à la douceur et à la tendresse, tel autre à la violence et à la fureur, quelque autre encore à la fièvre d'incessants appareillages. Il suffit qu'une femme nous les suggère ou paraisse y correspondre pour que nous imaginions de lui donner le rôle. Ce que nous aimons alors en elle, c'est l'atmosphère, l'intensité, ou la musicalité qu'elle pourrait donner à notre vie.

Ce qui nous fait aimer une personne, ce qui ramène incessamment à elle nos pensées, n'est-ce pas alors qu'il nous a semblé reconnaître en elle *le signe* d'une vie transfigurée ? Cette vie légère et capiteuse, joyeuse et conquérante, elle nous l'annonce. Sa seule présence nous paraît la promettre. Aussi Stendhal dit-il d'une figure de Raphaël qu'elle est « *une annonce* du bonheur », comme la beauté lui paraît moins nous combler par elle-même qu'en étant « *l'enseigne* » de la vie passionnée qu'elle nous fait pressentir[1].

---

1. *Ibid.*, pp. 52 et 340.

Ainsi pouvons-nous comprendre la disjonction déjà remarquée entre l'amour d'une personne et la connaissance qu'on en a. Qu'importe en effet ce qu'on peut voir ou connaître d'un signe ! Ce qui nous attire, nous intéresse ou nous fascine en lui, bien loin que ce puisse être son intrinsèque matérialité, c'est uniquement le sens, la signification qu'il évoque et promet à notre imagination. Ainsi la présence d'une femme est-elle moins perçue pour ce qu'elle est, qu'elle n'est au contraire lue, déchiffrée, interprétée, comme *le signe* des diverses joies qu'elle semble promettre à qui la posséderait. C'est ce que dit Ulysse, dans une pièce de Shakespeare, en voyant s'éloigner Cressida :

« *There's language in her eye, her cheek, her lip,
Nay, her foot speaks.* »

La principale énigme de l'amour vient donc de ce qu'il y a entre un signe et sa signification la même différence qu'entre la perception et l'imagination. Dans la

Recherche du temps perdu, le narrateur est tout aussi ahuri de découvrir dans Rachel la femme éperdument aimée par Saint-Loup que ce dernier s'effare en rencontrant Albertine de la jalousie qu'elle ait pu inspirer à son ami. Quoiqu'ils vissent la même femme, elle ne leur faisait pas imaginer la même chose. Or, ce qu'ils aimaient dans le signe, ce n'était pas son intrinsèque matérialité, mais l'univers de songes, de voluptés, de joies, dont il leur paraissait *l'indice*, et comme la promesse. S'il n'en était ainsi, les mêmes signes faisant imaginer à tous la même chose, chacun disputerait à tous les autres l'amour de la même personne.

On ne peut donc espérer comprendre l'amour sans le rapporter à quelque attente primordiale dont il semble promettre l'accomplissement. Autant y a-t-il de figures possibles de cette attente, autant y a-t-il de formes d'amour différentes. Encore n'en aurons-nous rien expliqué si nous ne comprenons comment la conscience isole une personne, l'investit de tous ses désirs et de toutes ses espérances, s'aveugle à tout ce qui n'est pas elle, et résume en elle tout ce qu'il peut y avoir d'aventures et de bonheur au monde. Plus radicalement encore, l'amour découpe dans le monde un espace d'extraterritorialité où n'existe plus pour le couple d'autre réalité que la sienne. Il ne voit que lui, ne s'intéresse qu'à lui, ne considère que lui, n'explore que lui et ne jouit que de lui-même. Il n'a qu'en lui-même ses repères et ses lois. Il s'est constitué en un monde. Comme chaque espèce dans la nature secrète son propre espace et son propre horizon, chaque couple institue, organise et délimite son propre monde.

La singularité de ce monde caractérise l'unité d'un couple. Insoupçonnable aux autres, il en retranche les amants. En leur communiquant sa propre tonalité, son intensité, son rythme, il fait de chacun comme un écho de l'autre. De même que c'est au style d'une partition que les divers pupitres de l'orchestre doivent leur unité et leur solidarité harmoniques, de même est-ce à la tonalité et à l'intensité de leur monde que des amants doivent ce qui fait leur unité, en dépit des différences qui caractérisent chacun d'eux. De là vient que son amour fasse tellement sentir à chacun sa propre incomplétude, qu'il lui semble n'être identifiable ou même définissable que par son union avec l'autre. Aussi n'y a-t-il d'amant, même le plus furtif ou le plus volage, qui ne sente ce qui le lie à l'autre plus fondamental et plus intime que ce qui l'unit à soi. C'est par ce qui l'unit à l'autre qu'il se sent révélé à lui-même.

Il nous faudra donc tenter de comprendre comment il est possible à un individu de découvrir son identité dans ce qui l'unit à un autre. A l'inverse, il suffit qu'on sente cette union comme une contrainte imposée à notre personnalité, pour que l'amour s'en soit éventé. Suscitée par toute expérience amoureuse, la question n'en est pas moins paradoxale : comment peut-on avoir son identité hors de soi ? Comment ce qui me fait le plus profondément moi peut-il être hors de moi ?

Pour tenter d'élucider tant d'expériences paradoxales, il m'a semblé devoir me tenir au plus près des situations les plus concrètes. J'ai donc procédé comme faisaient les cliniciens à la fin du XIXe siècle : j'ai fait comparaître des cas. J'en ai sommairement rappelé l'histoire, observé le comportement, décrit les symptômes. Mais au lieu de les examiner à l'hôpital, c'est dans la littérature que je les ai découverts. Leur comparaison m'y a fait remarquer des constantes et des variables. Certains facteurs sont prédominants. D'autres sont plus secondaires ou même aléatoires. Equilibre fragile entre ce que chacun attend de la vie et ce que le hasard lui en offre, chaque amour est unique par son style et sa tonalité.

Sans doute pourra-t-il sembler que nous en avons privilégié des cas d'autant plus saisissants que plus exceptionnels. Tous les amours ne sont pas criminels, pas plus qu'ils ne sont tous désespérés. Qu'il puisse y avoir des amours confiantes, paisibles, rassurantes, nous ne le nions pas. Mais à quoi reconnaîtrait-on qu'il s'agisse vraiment d'amours, si ce n'était par ce qu'ils ont en commun avec ses formes les plus tourmentées et les plus obsédantes ? De même qu'on comprend mieux le fonctionnement normal d'un organisme par l'observation de ses pathologies, de même les formes les plus déréglées de l'amour ne font-elles qu'exhiber ses caractères les plus ordinaires en les amplifiant. Ce qu'on pourrait nommer pathologique n'est ici qu'un grossissement du normal. Aussi l'amour fou n'est-il pas quelque cas rarissime et singulier de l'amour. Autant qu'il en est le révélateur, il en est aussi la vérité.

Cet essai se présente avec la même simplicité qu'un kaléidoscope. On a tenté d'y réunir tous les ingrédients de l'amour : l'attente, la solitude, la douceur d'être ensemble et l'angoisse de la séparation, le frôlement de l'absolu et la souffrance de la jalousie, etc. Si peu qu'on fasse tourner le cylindre, ces éléments s'y organisent de façon différente et configurent d'autres manières d'aimer. C'est ce qui rend tous les amours semblables, sans qu'aucun puisse jamais être pareil aux autres.

Énigme de l'amour

Il la traque, l'injurie, la séquestre, la bat : il l'aime. Elle le vole, lui ment, le trompe, l'humilie, sans qu'il s'en indigne, s'en révolte, ni ne la quitte : il l'aime.

Pour se dévouer à son bonheur sans qu'elle puisse même soupçonner d'en être aimée, tel feint mille aventures, invente des rendez-vous clandestins, évite même d'en approcher ni de la rencontrer : il l'aime. Pour la même raison, tel autre parade, parle haut, s'impose, fait valoir ses avantages, tend ses filets, supporte toutes les rebuffades, se porte acheteur et paie comptant : l'amour résiste à tout, même aux plus tenaces résistances.

Si impatients que tout délai leur est une torture, les uns ne peuvent attendre d'avoir mis leur clef dans la serrure, et s'étreignent sur le palier. L'amour est cette convulsion. D'autres ne peuvent s'effleurer sans trembler, et n'osent approcher qu'avec dévotion une aussi délicate perfection. Telle est leur vénération qu'ils vivent religieusement leur amour. Aussi comprend-on qu'il puisse y avoir des amours idolâtres. « Ne me touchez pas, ne me touchez pas » : c'est comme une idole que voudrait être aimée Mélisande, à distance, et respectueusement.

A peine se sont-ils entrevus qu'ignorant tout l'un de l'autre ils savent aussitôt ne pouvoir vivre séparés. S'étant reconnus sans s'être jamais connus, ils sentent soudain levé le secret de leur vie : le voici, celui que j'attendais ! Cette fatale révélation qui bouleverse Juliette en voyant Roméo, ou Sieglinde en accueillant Siegmund, c'est la fulguration de l'amour. Mais l'amour peut tout aussi bien s'ensuivre d'une douce et patiente accoutumance qui a fait de chacun ce que l'autre avait de plus intime. Lorsqu'on finit par avoir plus confiance en l'autre qu'en soi-même, ou par se sentir mieux connu de l'autre qu'on ne se connaît soi-même, cette sorte d'identité à deux que le temps a formée, comment l'amour n'en serait-il pas le presque insensible et tout naturel effet, quand tant d'autres attendent qu'il en puisse être la cause ?

Si épris sont les uns qu'ils veulent être seuls à posséder un bien aussi précieux. C'est par amour qu'ils sont jaloux, et par jalousie qu'ils étendent autour de la personne aimée un glacis de vigilance et de solitude. Mais il arrive à d'autres, chevaliers de leur dame, de sacrifier leur plaisir à celui de la personne aimée. Allant jusqu'à se réjouir de ce qui les lacère, ils paient de leur malheur le bonheur de la voir sourire.

A leur amour, point d'entrave : aussi ceux-ci se sentent-ils justifiés de supprimer tout ce qui leur fait obstacle. S'ils deviennent criminels, c'est parce que l'amour leur paraît tout justifier. A d'autres, la révélation de l'amour a fait découvrir la détresse de n'être pas aimé. C'est par une inlassable et débordante charité qu'ils tentent de justifier le prodige d'être aimé.

Si c'est bien de l'amour que vient pour chacun tout bonheur, il faut cependant ajouter qu'il n'est si grand malheur qui n'en puisse venir aussi. Sans doute n'y a-t-il telles délices comme celles de l'amour. Mais est-il rien de plus atroce que d'aimer encore quand on n'est plus aimé ? S'éloigner, c'est mourir ; mais on ne peut imposer une importune présence sans éprouver sa propre vie comme la pire offense qu'on puisse faire à l'autre. Il faut alors expier d'exister.

L'amour est donc toute chose et son contraire. S'il rend ordinairement délicat le plus grossier, il n'est pas rare non plus de voir le plus délicat rendu par lui soudainement grossier. S'il arrive qu'il grandisse ou ennoblisse certains, combien d'autres n'avilit-il en leur faisant perdre jusqu'au plus rudimentaire sentiment de l'honneur et jusqu'à la moindre décence ? Par amour, tel se fait voleur, ou tricheur, comme il avait pu arriver qu'un autre se fît bandit. Mais c'est aussi par amour qu'on voit un avare se ruiner, un ambitieux sacrifier sa carrière, ou même Esther Gobseck payer de son corps les dettes de Rubempré.

Pour banales que soient toutes ces observations, le plus remarquable est qu'elles sont toutes contradictoires. Une dernière remarque contribuera à attester la nature énigmatique de l'amour. C'est qu'il n'est couple si passionnément amoureux dont on ne se demande généralement par quelle perversion ou par quel aveuglement il a jamais pu se former. Si quelque dieu a jamais présidé aux mariages, ce ne peut être que le plus facétieux. D'ailleurs, la malice de Don Giovanni ne consiste-t-elle pas tout simplement à défaire ce qui n'aurait jamais dû se faire ? Ne révèle-t-il pas à Donna Anna ce dont elle devait se douter, comme il rend manifeste à Masetto ce qu'il aurait déjà dû soupçonner ? Aussi n'y a-t-il rien de fascinant comme d'observer l'effarement de chacun lorsqu'un ami lui présente sa fiancée. Ils n'en reviennent pas. « Quoi ! cette idiote, ce niais ! cette goton, ce nabot ! » S'ils s'étonnent, c'est toutefois parce qu'ils attribuent à un choix ce que chacun a décidé malgré lui, à son insu, comme dans un rêve.

Pour rendre l'amour encore plus énigmatique, il suffit de s'en rappeler la première vérité, et peut-être la plus fondamentale. C'est qu'il n'y a pas de raisons d'aimer. On n'aime pas à cause de ceci ou de cela. C'est parce qu'on aime qu'on trouve une femme bouleversante, et non parce qu'elle est bouleversante que nous l'aimons. La preuve en est que la plupart des autres n'en sont pas bouleversés. A l'inverse, combien plus de qualités n'y a-t-il en mille autres personnes que nous avons connues sans qu'il nous soit arrivé d'en être émus ! Si nous aimions pour des raisons, c'est une autre que nous aimerions. Ou plutôt nous n'aimerions jamais, car si nous aimions pour des raisons, nous attendrions toujours de trouver davantage et de meilleures raisons d'aimer.

N'est-ce pas d'ailleurs ce qui suscite la perpétuelle indétermination de Benjamin

Constant ? Quelque parti qu'il envisage, trop de raisons le pressent en effet de se tourner vers un autre. Aussi n'en prend-il aucun. « Le sort, observe-t-il, m'a toujours contrarié. Il y a toujours eu dans les femmes que j'aurais pu et voulu épouser des parties qui ne me convenaient pas. Mme de Hardenberg était ennuyeuse et romanesque ; Mme Lindsay avait quarante ans et deux bâtards. Biondetta, qui me conviendrait mieux que personne, ne m'inspire plus d'amour et ne veut pas se borner à l'amitié. Enfin cette pauvre Amélie qui est assez riche, très désireuse de m'épouser, a trente-deux ans, point de formes, et des ridicules que l'âge a consolidés. Antoinette, qui a vingt ans, point de ridicules, de la fortune, est commune de figure et de manières, et n'est pas française. »[1] Autant y a-t-il donc à chaque

---

1. B. Constant, *Journaux intimes*, 9 septembre 1804, in *Œuvres*, Bibl. de la Pléiade, Paris, Gallimard, 1957, p. 369. Cf. aussi 15 janvier 1803, p. 229 : « Mon esprit se suffit à lui-même. Il n'est donc pas nécessaire que ma femme ait de l'esprit. Il faut seulement qu'elle n'ait pas de ridicule. J'ai bien peur qu'Amélie n'en ait. Sa situation me conviendrait parfai-

fois d'inconvénients que d'avantages, et d'impossibilités que de possibilités. Aussi n'aimerait-on jamais personne si c'était par des qualités que l'amour fût déterminé, puisque celles qui susciteraient notre inclination seraient toujours moins nombreuses que celles qui nous en retiendraient. A la perpétuelle indétermination de Benjamin Constant, il y a donc une cause toute simple. C'est qu'il attend des raisons de se marier, faute que l'amour lui puisse fournir la seule qui serait suffisante. Il en convient d'ailleurs fort lucidement lui-même : « Mon but, en me mariant, c'est de trouver de l'amour, et beaucoup plus d'être aimé de ma femme que de l'aimer. » Or l'amour est une contagion : on ne peut pas sentir celui qu'on ne partage pas.

---

tement. Mais il y a à parier qu'elle est frivole. […] Et puis, que d'inconvenance, que de plaisanteries sans gaieté, quel manque de mesure ! […] Mais qui me dit qu'il y a place en elle pour la passion ? Qui me dit que le mariage ne sera pas pour elle un arrangement de vie à peu près pareil à celui-ci ? Je ferais alors une grande sottise. »

Sans doute est-ce même ce qui rendait naguère plus stables, à la fois plus paisibles et plus durables, les unions qu'avaient conclues des notaires après que chacun se fut enquis de la fortune, de la santé, du lignage, du caractère et de l'humeur des promis. Ayant mesuré et comparé les avantages de l'un et de l'autre, ils ne prenaient un parti qu'en s'étant persuadés de ne pouvoir guère en trouver de meilleur. Si objectives étaient les raisons qu'on avait eues de se marier qu'elles suppléaient à toutes les raisons subjectives qu'on aurait eues de se séparer. Le mariage, alors, n'était pas affaire d'amour, mais de préférence. C'est en comparant des avantages ou des qualités qu'on préfère un parti à un autre. Or aimer, c'est être fasciné par ce qu'une personne nous semble avoir d'incomparable. A quoi pourrait-on jamais comparer l'absolument incomparable ? Aussi l'amour ne compare-t-il rien. Voilà aussi pourquoi préférer, c'est le contraire d'aimer.

Qu'aime-t-on quand on aime ?

Dans un fragment célèbre, Pascal a montré combien était énigmatique la réalité de notre moi. On ne me reconnaît, montre-t-il, que par ce qui me distingue. Or il n'y a pas une des qualités qui me caractérisent que je ne puisse perdre. Tout comme il ne suffit que d'un peu de temps pour passer de la jeunesse à la vieillesse, il suffit d'un minime accident pour faire perdre toute agilité à notre corps, toute grâce à notre esprit, ou même toute élégance à notre silhouette. De ce qui avait pu nous rendre aimable, il ne reste donc rien. Pascal en conclut qu'on n'aime jamais personne, mais seulement des qualités.

Puisque nous ne sommes pas plus responsables de les avoir perdues que de les avoir reçues, toutes ces qualités étaient donc nôtres sans qu'aucune nous révélât ou nous exprimât vraiment. C'est pourtant *le même* moi qu'on admirait naguère de les avoir et dont on se lamente qu'il ne les ait plus. Or qu'aimait-on en lui si ce n'est ces qualités qui le rendaient aimable ? Ce qu'on aime d'une personne, nous explique Pascal, ce n'est donc pas *ce qu'elle est*, mais les qualités *qu'elle a* ; non ce qu'elle attend de nous, mais le charme, l'agrément, ou le plaisir que nous en attendons.

Or Pascal se trompe. Ou plutôt, son raisonnement n'a pour but que de nous égarer en nous détournant de la réalité des faits. Car l'amour est un fait qui récuse tout raisonnement. C'est ce que Pascal feint d'ignorer, comme si l'amour pouvait être le résultat d'un calcul. Décidément, jusque dans son argument délirant du pari, c'est par notre intérêt qu'il entend justifier toute foi, comme c'est par un calcul qu'il entend justifier tout amour. S'il nous invite à croire, en effet, c'est parce que ce serait notre intérêt : nous y aurions plus à gagner qu'à perdre. Tout bien pesé, *au bout du compte*, on gagnerait finalement davantage à être croyant qu'incroyant. De même n'y a-t-il rien, pense-t-il, qui puisse nous faire aimer une personne, si ce n'est ce qui nous la rend aimable : quel intérêt pourrait-elle en effet nous inspirer, hors celui que nous pourrions en retirer ? Tel est le sophisme.

1) Si nul n'était aimé que pour ses qualités, qui pourrait être assez présomptueux ou assez fou pour s'imaginer aimé de Dieu ? Jésus n'a pas pu aimer les hommes à cause des perfections ou de la sainteté qui auraient pu mériter son amour. Tout au contraire, c'est leur péché qui a fait leur misère, et c'est à cause de cette misère qu'Il les a aimés. Non pour ce qu'Il en retirerait, mais pour rien. Dans un désintéressement absolu. Car c'est parce qu'ils sont abandonnés de tout qu'Il ne les abandonne pas.

2) A l'inverse de la pensée pascalienne qui n'attribue l'amour qu'à l'attrait de quelque perfection, pourquoi Dieu préfère-t-il les pauvres aux riches et les humiliés aux puissants ? Au lieu que ce soit par ce qu'elle possède, c'est par ce dont elle manque qu'une créature se rend au contraire digne de son amour. Ceux qui sont si privés de tout qu'ils sont même privés de qualités, voilà, contrairement à l'amour pascalien, les préférés de Dieu. C'est tout simplement que Dieu ne les préfère pas : Il les aime. Et Il les aime, non pour ce qu'Il en reçoit, mais pour ce qu'Il leur donne. C'est ce qu'exprime en tous sens le texte des Béatitudes. « Heureux ceux qui n'ont rien, parce que c'est à eux qu'il sera donné. »

3) Selon la pensée pascalienne, nul ne serait donc jamais aimé que par une sorte de quiproquo. Tout le sophisme consiste en effet à supposer qu'une personne ne peut être aimée que pour *ce qu'on en connaît*. Or tout ce qu'on connaît d'une personne, au point de nous la rendre charmante ou détes-

table, ce sont ses qualités. Mais ces qualités n'en sont pas inséparables. Elles ne lui sont pas inhérentes. Aussi est-ce tout naturellement que nous cesserions de l'aimer lorsqu'elle les aurait perdues, de sorte que l'amour aurait perdu tout sens à l'instant où il aurait pu commencer d'en avoir.

Tout le problème se réduit dès lors à celui de savoir *ce qui demeure* d'une personne après qu'elle a perdu toutes les qualités qui la caractérisaient et nous la faisaient identifier. Une fois qu'on en aurait ôté tout ce qui nous la rendait connaissable et même reconnaissable, qu'en resterait-il ? Si peu que rien, répond Pascal, un sujet si indéterminé et si indifférencié qu'il ne serait pas même identifiable. Même ceux qui croient nous aimer le plus ne connaissent par conséquent de nous que ce que nous paraissons, mais non ce que nous sommes. Car nos qualités sont comme des vêtements : nous pouvons en être dépouillés, sans cesser d'être le même que nous étions. Le même, mais pour qui ? Si intérieure, si secrète, si clandestine est en effet cette identité que personne ne la peut soupçonner. Je ne suis moi que pour moi.

Les conséquences de l'argumentation pascalienne sont donc toutes simples. D'une part, tout homme est si nécessairement inconnu de tous les autres qu'il vit dans quelque insurmontable clandestinité. Pas plus que nul ne le connaît vraiment, nul ne peut l'aimer en vérité. Si Dieu n'existait pas, Il n'existerait donc en vérité pour personne. D'autre part, le seul être qu'on puisse aimer sans être jamais déçu serait celui qui ne pourrait jamais perdre les qualités qu'on aime en lui. Inhérentes à son être même, aussi immuables qu'éternelles, ces qualités seraient ses attributs. Comme Dieu est le seul être dont les qualités sont aussi les attributs, il n'y a que Dieu qu'on puisse aimer vraiment.

Deux leçons, par conséquent : il n'y a que Dieu dont je puisse être aimé, car lui seul me connaît ; et il n'y a que Dieu qu'on doive aimer, car lui seul ne change pas.

4) La grande erreur pascalienne consiste donc à avoir fait de l'amour un corollaire ou un satellite de la connaissance, comme si c'était à cause de ce qu'on en connaissait qu'on eût jamais aimé quelqu'un. Si c'était vrai, l'amour pourrait être mis au concours, comme dans les tournois. Il récompenserait le plus vaillant ou le plus beau. Mais si c'était vrai, on n'aimerait jamais. Car à peine un tournoi serait terminé qu'on en ouvrirait un autre, pour être bien sûr de ne pas accorder une récompense définitive à un champion qu'un autre aurait pu supplanter. S'il était jamais possible d'aimer, dans ces conditions, ce ne pourrait donc être que par lassitude ou par dépit, faute d'avoir trouvé mieux.

5) Quand l'infortune prive une personne des avantages qu'on admirait en elle, Pascal a raison de penser qu'elle n'est plus la même pour personne. A condition d'ajouter toutefois : sauf pour elle et pour ceux qui l'aimaient. Car ce que je suis pour moi-même est différent de ce que je suis pour

les autres. La plupart d'entre eux m'identifient à ce qu'ils voient de moi, tandis que je sens ce qui me distingue des autres sans jamais me voir, et sans pouvoir presque jamais me comparer à eux. Tel me bat sans cesse au tennis, tel autre aux échecs. Les livres de Pierre se vendent par centaines de milliers, quand les miens peinent à atteindre la centaine. Toutes ces différences objectives me semblent néanmoins sans rapport avec l'expérience que j'ai de ma subjectivité. De même, en effet, que ni la fortune, ni la notoriété, ne changeraient rien au sentiment que j'ai de mon identité, de même le sentiment que garde chacun de la sienne n'est pas changé par la perte qu'il peut avoir faite de sa position, de sa puissance, ou de sa beauté.

Sans doute peut-on rechercher une personne à cause de sa fortune, de ses relations, de ses agréments. Mais ce qu'on aime alors en elle, c'est qu'elle en soit la dispensatrice. Aussi Pascal a-t-il raison de se demander si le prince charmant serait aussi irrésistiblement aimé quand il aurait perdu son trône et après que son charme se fut éventé. Tout à l'inverse, toutefois, la plupart des contes s'accordent pour nous faire pressentir un amour si pur, et quasiment si visionnaire, qu'il reconnaît la personne aimée indépendamment de tout ce qu'un mauvais sort la fait paraître aux autres. Si la Belle aime la Bête, c'est en pressentant en elle à la fois la plus exquise délicatesse et le plus grand tourment. Contre toute raison, contre toute apparence, l'amour consiste donc à reconnaître dans une personne le secret d'une sensibilité. Ce qui est invisible à tous, étant le plus intérieur, il en reçoit la révélation comme celle d'une évidence. Aussi celui qui est aimé a-t-il le sentiment d'être gracié par cet amour. Un mauvais sort l'avait jusquelà condamné à vivre dans la clandestinité, le secret et l'incognito. L'amour levait sa malédiction de devoir paraître ce qu'il n'est pas sans jamais pouvoir apparaître tel qu'il est. Comme si l'amour était le don de double vue, lui seul voit la lumière sous le boisseau, et discerne le visage sous le masque. Etre aimé, c'est se sentir reconnu par la seule personne qui nous voit en vérité. Parce qu'il n'y a qu'elle pour nous connaître en vérité malgré toutes nos infortunes et toutes nos maladresses, ou il nous faudra consentir à vivre méconnu dans une perpétuelle clandestinité et une constante méprise, ou c'est de son regard que notre existence recevra son identité.

N'est-ce pas d'ailleurs ce qui arrive aussi bien à Cendrillon qu'à Peau d'Ane ? La beauté de l'une est dissimulée par la rudesse et la bassesse des tâches qui l'accablent. L'autre cache la sienne pour échapper aux entreprises de son parâtre. Aimées par un prince, elles le sont donc en dépit de ce qu'on en voit, et seulement parce que leur manière de porter leur détresse lui avait fait pressentir une sensibilité si délicate, une solitude si pathétique, une attente si douloureuse, qu'elles avaient suscité en lui l'irrésistible obsession d'y mettre fin. Qu'on puisse être si bouleversé par l'attente d'une personne qu'on n'ait désir plus ardent que d'y répondre, n'est-ce pas déjà s'être disposé à l'aimer ? En Cendrillon comme en Peau d'Ane, le fils du roi ne pouvait donc aimer aucune des qualités qu'il y aurait observées, mais bien cette intensité que creuse l'attente en ceux que l'infortune a tellement dépossédés qu'elle leur a enlevé jusqu'à l'espérance d'en voir jamais la fin.

On aime donc bien moins dans une personne tel ou tel de ses avantages, que la tonalité et l'intensité d'une attente. Non pas ce dont elle nous éblouit, mais ce dont elle nous bouleverse. N'étant qu'à moitié vraie, la description que Platon avait faite de l'amour est donc à moitié fausse. Sans doute avait-il bien vu que tout amour naît d'un manque, d'une perte, de quelque carence ou de quelque indigence primordiale. Aussi avait-il cru, confondant le désir et le besoin, que nous aimons ce qui nous manque, comme la faim nous fait aimer le pain. Si quelque personne nous fascine, pensait-il donc, c'est parce qu'elle nous semble posséder tout ce qui nous manque. C'était oublier que nous sommes bien moins émus par ce que nous percevons que par ce que nous imaginons, et qu'une personne est bien moins aimée pour les qualités que nous y admirons que par la secrète attente que nous devinons en elle et que nous voudrions combler.

Ce que j'aime en elle, c'est donc moins sa beauté que sa blessure.

*

N'est-il pas d'ailleurs frappant d'observer que le Dieu des chrétiens est bien moins aimé pour l'infinité des perfections qu'ils Lui supposent que pour son sentiment d'abandon dans la nuit de Gethsémani et pour son humiliation parmi la soldatesque. Ce qu'on aime en Dieu, c'est son Incarnation. Et ce qu'on aime dans son Fils, ce n'est pas le moment glorieux des miracles où Il se fait reconnaître par sa toute-puissance. C'est celui où tout privilège et tout pouvoir Lui semblent retirés. Peut-être l'Église orientale se prosterne-t-elle devant le Christ Pantocrator dont le doigt levé règle la marche du monde. Mais c'est à l'image du Supplicié que les foules sévillanes lancent leurs cris d'amour. Aiment le Christ d'un véritable amour toutes celles qui en essuient la sueur et le sang, comme sainte Véronique, toutes celles qui voudraient prendre sur elles ses douleurs pour les Lui épargner, ou cicatriser de leur tendresse les plaies de son sacrifice.

Aimer Dieu, c'est donc d'abord être bouleversé par son attente, ému par sa passion. C'est pressentir sa solitude, et désirer s'unir à Lui pour L'en délivrer. L'amour de Dieu est donc un amour évangélique qui nous fait aimer en Lui, non ce dont Il surabonde et qui nous dépasse, mais ce qui en fait le plus délaissé et le plus démuni d'entre nous, sa Pauvreté.

Hors de cela, qu'aiment-ils, ceux qui croient aimer Dieu? Comme nous le dit fort explicitement Malebranche, ils aiment en Lui Notre Seigneur. « *In manus tuas.* » N'y ayant que Lui pour toucher directement notre âme, il n'y a que Lui dont tout bien ou tout mal nous puisse jamais venir. Comme Il est le seul dont on ait tout à craindre, Il est aussi le seul qu'on doive donc aimer. Mais n'est-ce pas un amour servile, celui qui se porte vers Dieu comme vers un despote qu'on remercie de ne pas nous faire à chaque instant tout le mal qu'il pourrait ?

Sans rien savoir

Que l'amour ne s'ensuive pas des qualités que nous reconnaissons en quelque
personne, toute expérience en témoigne.
Quand on se retiendrait d'évoquer « le coup
de foudre » qui, en un instant, suspend notre
volonté, et nous fait soudain reconnaître
celle qu'on attendait sans l'avoir jamais
connue, que sait-on jamais d'une personne
quand on lui prend la main et qu'on part
avec elle, sans même savoir vers où ? Sera-
ce une brève rencontre presque aussitôt
oubliée ou le commencement d'un grand
amour ? Personne n'en sait rien. Car rien ne
ressemble à l'amour comme l'imminence
d'on ne sait quoi. Qu'on se rappelle le très
célèbre début d'un film de Marcel Carné.

Une masure dans les dunes, le long de l'estuaire. Y vit un ancien navigateur, qui trompe sa solitude en accueillant celle des autres. Un vieil ivrogne y conduit un déserteur de la Coloniale, acculé à ne pouvoir ni rester ni partir. S'il reste, il sera pris, reconnu, livré à la justice militaire. Quant à partir, il ne lui manque pour embarquer sur n'importe quel bateau que de pouvoir payer sa traversée. Il va donc passer la nuit en cet abri, en attendant le jour. Une fille est là, une gamine, sanglée dans son imperméable. Elle aussi attend, tout en sachant bien qu'il lui faudra retrouver au matin ce qu'elle a tenté de fuir la veille. Chacun voudrait pouvoir commencer une nouvelle vie, où il ne pourrait être rattrapé par son passé. Mais le passé est comme une glu : on a beau se débattre, on n'y échappe pas.

Parce qu'on attend, on se croit libre. L'avenir ne va-t-il pas rompre tout ce qui nous reliait au passé ? Ne commencera-t-on pas demain une vie qui ne sera pas la continuation de l'ancienne ? Renaître de soi-même, voilà ce que chacun attend de cette nuit. Mais cette liberté n'est que le répit d'une illusion. Quoiqu'elle ait tenté d'échapper aux entreprises amoureuses de son tuteur, c'est chez lui que Nelly devra pourtant retourner demain. Il est laid, il est veule, il est fourbe ; mais cet ignoble visage est celui qu'a pris pour elle le destin. Quant à Jean, où pourrait-il s'enfuir, dénoncé qu'il serait partout par son identité, et rendu suspect par son seul uniforme ?

Ils sont seuls, sans personne à qui se fier, ni rien à pouvoir attendre de personne. L'aube est sur le point de se lever. Puisqu'il faut de toute façon se quitter, pourquoi ne pas le faire plus loin ? Il l'accompagne vers la ville, la débarrasse de voyous qui l'importunaient, puis va chercher fortune, vers le port. Il la rencontre par hasard, le lendemain. « Tu as de beaux yeux, dit-il. — Je suis bien avec toi, répond-elle. » L'un et l'autre se surprennent alors à penser qu'un si doux instant mériterait de ne jamais finir. Il finit néanmoins au petit matin, lorsqu'ils s'éveillent dans une même chambre, tandis que sur les quais la corne des navires annonce leur départ.

Sans doute n'avait-ce été qu'une brève rencontre. Mais en fallait-il davantage pour que Jean et Nelly eussent tout connu de l'amour ? Tout, sauf la souffrance. Faute de temps. C'est même ce qui en fait le sortilège : d'avoir épuisé en un regard et en une nuit tout ce qu'on peut espérer de douceur en une vie. Parce qu'ils n'avaient jusque-là connu de la vie que la vacherie, la douceur était le petit nom qu'ils donnaient au bonheur.

L'amour avait été pour eux cette révélation : la douceur d'être ensemble.

*

Personne ne doute, en ayant vu *Quai des brumes*, d'avoir assisté à une histoire d'amour. De quel amour s'agit-il pourtant ? De l'histoire de Jean, de son caractère, de sa sensibilité, de ses vertus et de ses faiblesses, que connaissait Nelly ? Rien. Un autre que Jean se fût demandé quel gros temps avait pu abandonner sur la grève, à l'entrée de l'estuaire, une jeune fille de dix-sept ans, parmi toutes les épaves de la nuit. Le monde est toutefois si effarant que Jean ne s'y étonne plus de rien. Quoiqu'il ne sache rien non plus de Nelly, il lui suffit d'avoir aperçu son regard ou d'avoir marché auprès d'elle pour avoir senti qu'il pourrait n'y avoir rien de plus simple que le bonheur.

Qu'est-ce en effet que le bonheur sinon l'émerveillement de sentir l'existence graciée de tout ce qui la fait dépérir : la solitude, la peur, l'angoisse, et le tourment ? Pour en être délivrés, il leur a suffi d'être ensemble : tout leur est devenu si simple que le plus simple serait qu'il durât toujours.

C'est ce qui fait de l'amour une sorte d'innocence retrouvée. Hors la séparation, il ne connaît plus de mal. Et hors le fait d'être ensemble, les amants ne connaissent guère d'autre bien. Indépendant de toute contrainte, irréductible à toute loi, insoucieux de tout ce qui est hors de lui, l'amour tend à s'isoler et à former à lui seul un monde.

Aussi n'y a-t-il d'amants qui n'aient le sentiment de mener une double vie. Ils mènent, comme tout le monde, leur vie de médecin, d'avocat, de proxénète ou de gangster. Et puis, sans que personne comprenne pourquoi, ils mènent une autre existence, indépendante de la première, et que l'amour seul inspire. Mais l'amour n'admet ni limites ni prudence. Aussitôt que les exigences de l'une deviennent incompatibles avec les règles de l'autre, tout cède à l'amour, et l'amour finit par céder à la mort. C'est ce que montrent aussi bien *Pépé le Moko* qu'*Hôtel du Nord*.

*

Parmi tant de romans d'amour que comporte l'œuvre de Simenon, trois sont particulièrement bouleversants : *Trois chambres* à *Manhattan* (1946), *Lettre à mon juge* (1947), et *Le Train* (1961). Sans intrusion ni contrepoint d'aucune autre histoire, leur sujet est identique. A la suite de diverses circonstances, un homme est seul. Le hasard lui fait croiser une femme. Ils font l'amour. Toute l'existence a d'un coup chaviré. Une toute prosaïque et banale rencontre leur a soudain révélé tout ce qu'une existence peut avoir de bouleversante plénitude et de pathétique tendresse. Tout et tout le mieux qu'on puisse attendre de la vie, ils l'ont trouvé alors même qu'ils ne le cherchaient pas, de la façon la plus imprévisible.

Une nuit, à New York, auprès d'un acteur à bout de souffle, sans compagne et sans engagement, a échoué dans un bar une femme tout aussi solitaire et tout aussi désespérée. Parce que ni l'un ni l'autre n'ont plus rien à attendre, ils sont prêts à n'importe quoi. Violent, obsédant, envahissant, ce sera l'amour. Hors le fait de se protéger de la solitude et de l'angoisse par celui d'être ensemble, rien ne peut justifier le besoin qu'ils vont avoir désormais l'un de l'autre. De leur profession, de leur histoire, de leur culture, du naufrage qui les avait jetés sur cette banquette, ni l'un ni l'autre ne savaient rien. Même après quelques jours, alors même qu'ils ne se quittaient que dans l'impatience de s'étreindre, « *ils ne savaient toujours rien l'un de l'autre* ». Mais peut-être en avaient-ils appris assez en une nuit, pour que tout le reste ne pût être qu'anecdotique. Après cette fulgurante révélation, le roman va se poursuivre pour chacun avec cette lente découverte de l'autre. Mais si chacun d'eux va ainsi apprendre peu à peu l'histoire de l'autre, l'amour a cependant précédé tout ce qu'ils pourraient ensuite en découvrir jamais. « Eux deux qui ne se connaissaient pas s'étaient rejoints par miracle à travers la grande ville. »[1] Le miracle, c'est ce qu'aucune connaissance ne peut jamais faire prévoir.

---

1. Cf. G. Simenon, *Trois chambres à Manhattan*, in « Tout Simenon », Paris, Presses de la Cité, 1992, t. I, pp. 201 et 225. Toutes nos références aux œuvres de Simenon renvoient à cette édition dont nous nous bornerons désormais à indiquer

Ainsi en va-t-il du docteur Alavoine qui, de tant aimer une pauvre fille dont il ne savait rien, avait fini par l'étrangler. La *Lettre à mon juge* est l'histoire de cet amour. A vingt ans, étouffant de solitude, il avait rencontré dans une brasserie une jeune femme qui lui avait souri. S'étant rapproché d'elle, ils parlèrent comme on se parle quand on n'a rien à se dire. « Ce que nous nous sommes dit, je l'ai oublié. Mais je sais que j'ai passé là une des heures les plus heureuses de ma vie. Nous ne savions rien l'un de l'autre et je n'osais rien espérer. » Aussi simplement qu'elle l'entraîne dans sa chambre, il y reçoit la révélation du bonheur. « *Je ne savais qui elle était ni d'où*

---

le tome en caractères romains et la page en chiffres arabes. Sur ce caractère aveugle de l'amour, incapable de rien savoir ni même deviner de son partenaire, cf. aussi p. 208 : « Il avait quarante-huit ans. Il ne le lui avait pas encore dit. Ils n'avaient pas parlé de leur âge. Lui avouerait-il la vérité ? Qui sait, d'ailleurs, s'ils se connaîtraient encore dans une heure, dans une demi-heure ? » ; p. 215 : « il se vit, comme un autre aurait pu le voir, mais avec plus de lucidité, debout sur un trottoir, avec, à son bras, une femme qu'il ne connaissait pas. »

elle venait. Mais pour la première fois, j'avais eu faim d'une autre existence que la mienne. Nous étions deux. Deux qui ne se connaissaient pas. Qui n'avaient aucun intérêt commun. Elle m'a donné, pendant quelques heures, la sensation de l'infini. »[1] N'ayant pas d'au-delà, l'infini est ce qui ne laisse plus rien à attendre. Avoir senti l'infini, c'est s'être senti uni à l'absolu. Or il suffit d'avoir entrevu quelque chose de l'absolu pour que tout ne puisse paraître ensuite que relatif. Autant avouer que, pendant les années qui suivirent, le docteur Alavoine avait indéfiniment cherché à retrouver cette révélation d'un soir.

Le hasard d'un train qu'il avait raté lui fournit l'occasion d'une toute semblable expérience. Une jeune femme se retrouve avec lui sur le quai déserté. En attendant le prochain train, ils se tiennent compagnie, vont se réchauffer au plus proche restaurant, errent un peu sous la pluie, et finissent

---

1. Cf. G. Simenon, *Lettre à mon juge*, I, 655-656.

la nuit dans la même chambre. « Au même instant, se rappelle-t-il, j'ai eu l'impression d'une révélation. Il m'a semblé que, pour la première fois de ma vie, je possédais une femme. Je l'ai aimée furieusement. Je mettais une sorte de rage à vouloir m'assimiler cette chair qui, un peu plus tôt, m'était indifférente. » Au petit matin, à peine ont-ils repris leur train, qu'il ne pouvait déjà plus supporter d'avoir à vivre sans elle. « Cette inconnue m'était plus proche qu'aucun être humain ne l'avait jamais été. » Quoiqu'il ait une famille, une femme, des enfants, il l'introduira chez lui, l'installera, la surveillera, en fera sa secrétaire. Pour n'avoir pas même à s'en séparer un seul instant, il quitte tout et s'installe avec elle dans la banlieue parisienne. Se développe alors une double frénésie. Elle qui, jusque-là, avait cherché d'homme en homme un plaisir qu'elle n'éprouvait jamais, s'appliquera à épier son propre orgasme. Lui, obsédé d'en tout connaître, va traquer son passé. « Je ne connaissais pas Martine. J'avais faim de la connaître. Il fallait coûte que coûte que nous nous connaissions, que nous achevions la connaissance totale. Alors seulement, me disais-je, je serais heureux. »[1] Cette fureur inquisitoriale s'achève chaque fois par des coups. Finalement, il la tue.

Le plus clair dans cette histoire est que l'amour y fait intrusion d'un coup, indépendamment d'aucune connaissance, ni même du moindre pressentiment que l'un puisse avoir de l'autre. Non seulement cet amour frénétique et fusionnel précède toute connaissance, mais c'est même la violence de cet amour qui suscitera ce besoin de connaissance qu'il lui semblera ne jamais pouvoir satisfaire. L'amour, c'est le désir d'une vitalité incandescente qu'en répondant au nôtre un autre désir semble promettre.

Ce désir, un petit artisan flamand va le découvrir sans l'avoir même jamais imaginé, lorsque l'exode de 1940 jette sur les routes et entasse dans des trains une popu-

---

1. *Ibid.*, 704-706 et 721.

lation désemparée. Chacun s'en éprouve tout autant exilé de chez soi que libéré de son ordre coutumier. Pas plus que ne s'appliquent encore ni règles ni lois, pas plus qu'il n'y a de destination ni d'avenir prévisibles, pas plus le présent n'y est-il encore administré par le passé. « Puisque rien ne se passait plus comme dans la vie courante, tout devenait naturel. » En même temps que se découvrait soudainement l'horreur de l'état de nature, se découvrait le merveilleux de l'état d'innocence. Entassés dans des wagons errants, séparés de leur famille, jetés dans l'anonymat, les uns bâfraient ou faisaient leurs besoins sans plus de pudeur que d'autres ne forniquaient. Une jeune femme était collée contre lui. Silencieusement, discrètement, elle l'attire jusqu'au plus intime de sa chair entrouverte. Qui elle est, il n'en sait rien. Il n'en connaît pas même le nom. Telle avait pourtant été l'intensité de leur étreinte qu'il avait « failli crier, prononcer des mots sans suite, dire merci, dire son bonheur, ou encore se plaindre, car ce bonheur lui faisait mal. Mal de chercher à atteindre l'impossible». Pour la première fois, il avait eu la révélation de l'amour. «Quoiqu'il ne l'eût pas encore vraiment regardée», toute l'humanité lui paraissait pourtant s'être résumée en elle. D'union plus simple, plus intime, plus accordée, plus véhémente et paisible à la fois, il était impossible qu'il y en eût[1]. Cet amour va durer deux mois, le temps pour l'administration de recenser les individus dispersés, de les rapatrier, et de les remettre dans les ornières de leur chemin.

Il nous faut donc tenir pour une des vérités les plus essentielles que l'amour ne s'ensuit pas de ce que nous connaissons de la personne aimée. Contrairement à ce qu'a tenté de nous persuader toute une tradition intellectualiste, notre amour n'est pas attiré par la beauté ou par la perfection à la manière dont les végétaux sont attirés par

______

1. Cf. G. Simenon, *Le Train*, XI, 50-51, 69, 85.

la lumière. D'aucune façon l'amour n'est réductible à aucune forme de tropisme. Non seulement, comme nous venons de le voir, l'amour est indépendant de toute connaissance[1], mais il lui arrive même de nous obséder *en dépit de ce que nous savons* de la personne aimée. Pas plus qu'elle ne suffit à susciter l'amour, pas plus la connaissance ne suffit-elle donc à nous en garantir ou à l'empêcher.

---

1. C'est ce qui en faisait, selon Stendhal, « la folie ». Ainsi montre-t-il une de ses héroïnes éprise d'un homme dont elle n'a encore aperçu que la silhouette. Cf. « Ernestine ou la naissance de l'amour », in *De l'amour*, p. 341-348 : « Ernestine trouva que le jeune chasseur offert par le hasard à sa vue avait l'air noble. Son image se présenta plusieurs fois à sa pensée. […] Dix jours s'écoulent. Une fois seulement, elle a vu le jeune chasseur. […] Mais peut-il être vrai qu'elle soit sur le point d'aimer ? Ce sentiment ne choque-t-il pas toutes les règles du simple bon sens ? Quoi ! elle n'a vu que trois fois l'homme qui, dans ce moment, lui fait verser des larmes brûlantes ! […] Elle ignore son nom, ce qu'il est, et pourtant ses journées se passent à se nourrir de sentiments passionnés. »

Qui j'ose aimer

On dit l'amour aveugle. Ce n'est pas tout à fait exact. De même qu'il n'est pas nécessaire de rien connaître d'une personne pour en être fasciné et s'y attacher, de même tout ce qu'on en connaît, et qui devrait nous en détacher, ne nous empêche pas d'éprouver sa présence si indispensable que nous commençons à souffrir dès que nous ne la voyons plus. Non seulement n'y a-t-il donc rien d'aussi inexplicable que l'amour, mais il n'y a rien qui ne doive souvent paraître aux autres plus incompréhensible, plus absurde, ni plus dément.

S'il était vrai qu'on aimât une personne pour ses qualités, comment pourrait-on l'aimer encore lorsqu'on aurait découvert qu'elle n'a plus aucune de celles qui nous la rendaient aimable ? C'est pourtant tout ce qui fait l'argument d'*Adolphe*, le célèbre roman de Benjamin Constant. Qu'après avoir été passionné, il soit devenu aussi faux que fuyant, lâche jusqu'au mensonge et dissimulé jusqu'à la perfidie, Ellénore en a reçu tant d'évidents témoignages qu'elle ne peut plus en douter. Si las et si impatient de la quitter qu'il se montre, elle ne peut se résigner à s'en séparer. Tant de raisons qu'elle puisse avoir de ne le plus aimer, rien ne l'en détachera. « Par quelle pitié bizarre, lui écrit-elle, n'osez-vous rompre un lien qui vous pèse ? Pourquoi me refusez-vous le triste plaisir de vous croire au moins généreux ? Pourquoi vous montrez-vous furieux et faible ? Qu'exigez-vous ? Que je vous quitte ? Ne voyez-vous pas que je n'en ai pas la force ? »[1] Elle mourra.

Toute semblable avait été l'expérience de Benjamin Constant lorsqu'il ne pouvait

---

1. Cf. B. Constant, *Adolphe*, in *Œuvres*, pp. 101, 104, 113.

vaincre sa passion pour Mme de Récamier, quelque dureté ou quelque froideur qu'elle lui manifestât. « J'ai été chez elle. Je n'avais jamais connu de coquette. Quel fléau ! […] Elle ne m'aime pas du tout. Qu'elle m'a trompé ! Pas même d'amitié. […] C'est plutôt absence de sensibilité que coquetterie. […] Jamais on ne fut si fausse. Même dans la pitié, son cœur est sec et froid. […] Il y a en elle une dureté plus qu'humaine. Serait-il vrai que cette femme pour qui je souffre tant ne fût que fausse et perfide ? […] Je l'ai en horreur. » Venant d'une femme aussi frivole et dominatrice, c'est donc fort raisonnablement que Constant ne prévoit que douleurs. « Cet amour pour Juliette me tourmente horriblement. Quel peut en être le résultat ? Quelques moments de charme, beaucoup de souffrance, et si, par impossible, Juliette était plus sensible que je ne le crois, d'incalculables malheurs. » La même lucidité qui les lui fait prévoir lui indique aussi la seule conduite à tenir : « s'il y a une ressource, c'est de la fuir. Il vaudrait mieux l'oublier. […] Le mieux, sans aucun doute, est de partir, car au fond qu'espérer ? » Quant aux qualités de Juliette, si elles avaient pu justifier son amour, celles de mille autres femmes auraient bien mieux justifié qu'il s'en détournât. « Mme de Staël a plus d'esprit qu'elle, Charlotte plus de cœur, et cinquante autres filles plus de beauté. » Si l'amour s'ensuivait de raisons, Constant n'aurait donc que trop de raisons pour n'en plus éprouver. Mais le propre de l'amour est qu'il ne peut se résoudre à rompre aucun des liens qui l'unissent à la personne aimée, quand ce serait ceux du désespoir. Aussi n'y a-t-il rien dans sa vie que Benjamin Constant ne rapporte à Mme de Récamier, tout persuadé qu'il soit pourtant de n'en rien devoir attendre. « Rien ne m'intéresse que Juliette, confesse-t-il. Je n'ai qu'elle en tête. Je n'entends pas un mot de ce qui lui est étranger. […] Son idée ne m'a pas quitté un seul instant. […] La mort plutôt que d'y renoncer. »[1] Car tel est l'amour : non seulement sans raisons, mais même contre toute raison.

Aussi Simenon a-t-il décrit dans plusieurs de ses romans l'indéfectible attachement, sinon l'attirance de l'homme le plus brillant pour la plus insignifiante gamine, quand ce n'est la plus stupide, la plus dévergondée, ou la plus méprisable. Ici, au grand effroi de sa famille, un célèbre avocat a épousé une fille neurasthénique, capricieuse, alcoolique, nymphomane. « Pourquoi l'a-t-il *choisie*, elle, une fille qui tantôt passait trois ou quatre jours au fond de son lit, rideaux fermés, sans lui permettre d'entrer dans sa chambre, tantôt était prise d'une agitation frénétique ? C'était une détraquée, non ? […] Elle ne l'en trompait pas moins. Ne l'a-t-on pas découverte, au troisième ou quatrième jour d'une fugue, malade, dans une chambre d'hôtel malpropre où elle s'était rendue avec un

---

1. Cf. B. Constant, *Journaux intimes*, septembre-octobre 1814, *ibid.*, pp. 740-749.

inconnu ? »[1] A un choix aussi inexplicable il n'y a qu'une explication possible. C'est qu'il ne l'avait pas *choisie* : il l'avait tout simplement aimée.

Dans un film de Claude Autant-Lara rendu célèbre par les interprétations de Gabin et de Bardot, c'est de façon tout aussi incompréhensible qu'un autre avocat, luxueusement installé, introduit par sa femme dans le monde le plus élégant, aussi envié de ses confrères pour son talent que pour sa réussite, vient à s'enticher de la plus minable, la plus lamentable, la plus odieuse petite grue. Recherchée par la police, s'attendant à être détenue, elle s'est introduite dans son cabinet pour lui demander de la défendre. Ayant jusque-là vécu de se prostituer, voleuse, menteuse, aguicheuse, il la découvrira aussi incapable de toute loyauté que de tout effort. Qu'il lui faille n'en rien attendre et cependant s'attendre à tout, il le sait. « Avec Yvette

---

1. Cf. G. Simenon, *Les Autres*, XI, 315-316.

tout est possible, y compris qu'elle soit dans un hôtel de passe avec un homme qu'elle ne connaissait pas à midi. » Et pourtant, quoiqu'il n'y ait rien qui ne le révulse en elle, si veule et stupide qu'elle soit, quoiqu'elle lui mente et le trompe sans cesse, il ne peut supporter d'en être séparé un seul instant. Au point de tout lui sacrifier, il va s'y consacrer tout entier.[1]

On se rappelle l'amour fou, violent, obsédant, envahissant, qui saisit à New York un acteur français sans engagement, en se retrouvant sur la banquette d'un bar auprès d'une jeune femme tout aussi seule et tout aussi désemparée que lui. Pourtant, « il ne la trouvait pas belle », « ne la trouvait pas séduisante », « il lui arrivait même de mépriser cette femme dont il avait conscience de ne plus pouvoir se passer ». Mais il faut se rappeler qu'en s'asseyant à côté d'elle, la première chose

---

1. Cf. G. Simenon, *En cas de malheur*, VIII, 417, 427, 471, 473-474.

qu'il en avait remarquée avait été « sa voix tragique, sa voix de plainte animale. C'était un peu sourd et cela faisait penser à une blessure mal cicatrisée, à une douleur dont on ne souffre plus consciemment, mais qu'on garde au fond de soi. »[1]

Pas davantage n'était-ce le charme, l'élégance, la délicatesse ou la sensualité de Martine qui en avaient rendu le docteur Alavoine amoureux. Si absolu fut pourtant cet amour que le médecin lui sacrifiera repos, fortune, famille, profession. Il ira même jusqu'à tuer. Cette *Lettre à mon juge*, il l'écrit en effet du fond de sa prison, avant de comparaître aux assises. Or cette soudaine déviance, ce prodigieux séisme, cette frénésie possessive, aucun caractère objectif ne les peut expliquer. « C'était un petit être banal, se rappelle-t-il. Elle devait se croire très jolie et vivait pour qu'on la regarde. » Mais quelque charme qu'elle crût

---

1. Cf. G. Simenon, *Trois chambres à Manhattan*, I, 200-201, 213, 220, 237, 243.

avoir « avec son sourire de magazine », « il n'agissait pas sur moi ». Il se rappelle en outre non seulement combien « elle était menteuse, vicieuse », mais aussi « combien elle était garce ».[1] Alors, comment avait-il pu l'aimer ? Et qu'en aimait-il si elle n'avait rien qui fût aimable ?

C'est la même situation, avec le même paradoxe et la même psychologie, que décrit fort minutieusement *Un amour* de Dino Buzzati. Relatant jour après jour la progression de sa démence, le narrateur y tient, comme un journal intime, la chronique de son obsession. Autant que quiconque, il est lucide sur l'absurdité de son comportement. Aussi ne considère-t-il l'amour qui le hante autrement que comme « un enfer », « une maladie qui le dévore ». Architecte et décorateur à la mode, Antonio Dorigo a été chargé par la Scala de concevoir les décors de son prochain spectacle. Etant allé, comme à son

____

1. Cf. G. Simenon, *Lettre à mon juge*, I, 697-698, 717, 726, 728.

accoutumée, dans une maison de passe, il vient d'y rencontrer une petite drôlesse androgyne. Mécaniquement, avec des gestes et des attitudes convenus, sans plus s'appliquer à simuler un plaisir qu'elle n'éprouve pas qu'à se préoccuper de celui de son client, elle se borne à s'acquitter de sa tâche. Aussi « ne lui apporte-t-elle aucune volupté ». « Ses caresses et ses baisers semblaient autant de formalités bureaucratiques. » Maigrichonne, à peine formée, avec ses hanches étroites, elle n'inspirait à Dorigo aucune sorte de désir. Aussi trouvera-t-il, quand il aura souhaité la revoir, qu'il « était non seulement ridicule, mais même indigne d'un homme comme lui, de faire tant d'histoires pour une fille de rien. Certains jours elle n'était même pas belle, certains autres elle était à franchement parler plutôt vilaine à voir, oui, pas vraiment un laideron mais totalement insignifiante. Il se réconfortait à cette pensée. Elle n'était pas belle, et sa médiocrité ne justifiait pas qu'il prît pour elle tant de peine. » Moins elle lui plaisait, plus sa jalousie s'en apaisait, moins il souffrait de son inexplicable amour. « En la regardant, il était heureux dans le fond de ne pas la trouver si belle que cela. Après tout, il y en avait des milliers de bien mieux faites qu'elle. Elle lui faisait même si peu d'impression maintenant qu'il ne voyait pas pourquoi tous les mâles de l'univers lui eussent couru après. Il crut même un instant qu'il allait pouvoir se libérer de son obsession. » Mais ce ne fut qu'un très bref instant.

Pour la rendre indépendante de sa maquerelle, pour se l'attacher, pour se la réserver, pour l'avoir plus commodément à sa disposition, il va lui louer un appartement, l'entretenir, consentir à tous ses caprices. Rien n'y fera. Comme si elle était assurée de son inlassable patience, elle ne cessera de lui mentir, de le tromper, de l'humilier. Un jour, pourtant, il aura cessé de souffrir. Ainsi découvrira-t-il qu'il avait cessé d'aimer[1].

---

1. Cf. D. Buzzati, *Un amour*, Paris, Robert Laffont, 1964, pp. 87, 96, 115-119, 136, 168, 209-212, 218, 252-256, 300-302.

De même, comment la femme la plus recherchée, la plus sensible, la plus raffinée, la plus cultivée, la plus exigeante, peut-elle s'amouracher d'un veule petit escroc ? Le paradoxe n'est pas, comme dans le drame d'Ibsen *Hedda Gabler*, qu'elle en soit abusée, mais bien qu'elle s'y attache et continue de l'aimer, si convaincue soit-elle de son égoïsme, de son cynisme, de sa lâcheté, et de ses mensonges. « Je sais que tu es capable de mentir, lui dit-elle. […] Tu dois être capable de tout. »[1] Finalement, ne pouvant ni cesser de l'aimer, ni cesser de le mépriser, elle le tuera avant de se suicider.

Au dernier acte du *Partage de midi*, Mesa retrouve Ysé. Elle avait été la maîtresse soumise d'Amalric, l'épouse fantasque et volage de Ciz. Comme une autre Salomé, elle l'avait séduit. Il avait pensé en s'unissant à elle participer aux noces mystiques du ciel et de la terre, de la chair et de l'esprit. Elle avait été « celle qu'il attendait », celle qui lui disait :

---

1. Cf. G. Simenon, *Le Testament Donadieu*, XX, 13, 58, 273.

«Je suis Ysé, ton âme. Tu as vu comme on s'est reconnu tout de suite sur le bateau ? Il n'y a plus rien d'autre que toi et moi, et en moi que ta possession. » Lorsqu'il la retrouve, un an après, ayant abandonné mari, enfants, et jusqu'au souvenir de lui, il découvre ce qu'il avait toujours su. Elle était cette femme-serpent, onduleuse et fourbe, aussi faible qu'impérieuse, avide de tout prendre et incapable de rien donner. Soumise et veule, elle est maintenant la chose d'Amalric. Mesa n'en pouvait donc plus douter. Ysé, c'était donc aussi cela.

« Chienne ! [...] Tu t'es livrée, l'ayant résolu, à ce
   chien errant,
Avec ce fruit d'un autre dans ton sein, [...]
Mon âme que je t'ai donnée, [...] tu l'as prosti-
   tuée à un autre [...] »

Et pourtant son amour pour Ysé refuse ce qu'il en sait. «Je ne te demande rien, et je ne reproche rien. C'est toi, mon âme, je te vois ! c'est toi, et cela me suffit. Je ne crois point ce que l'on m'a dit. Non, Ysé, je ne le crois pas ! »[1]

Tous les exemples que nous venons d'évoquer manifestent combien peu l'amour dépend des qualités ou des perfections que nous découvrons dans la personne aimée. Non seulement nous ne l'aimons pas à cause de ce que nous en savons, mais ce que nous en savons ne parvient même pas à nous dissuader de l'aimer. Tous ces témoignages nous invitent donc à envisager l'amour de tout autre façon, en l'attribuant moins à ce qu'on espère *recevoir* d'une personne qu'à ce qu'on espère lui *donner*. Toutes les perspectives s'en trouveraient du même coup inversées. Ce sont moins les perfections que les imperfections d'une personne qui susciteraient alors notre amour. Nous l'aimerions moins pour ce qu'elle nous apporterait (comme les enfants aiment leurs parents)

---

1. Cf. P. Claudel, *Partage de midi*, actes II et III, in *Théâtre*, Bibl. de la Pléiade, Paris, Gallimard, 1960, pp. 1115-1117 et 1132-1135.

que pour ce dont on voudrait la combler (comme les parents aiment leurs enfants). Le ressort de l'amour serait moins alors notre égoïsme que notre générosité. Comme s'il était une réaction de notre vitalité à quelque occasion qui lui serait donnée de s'épancher, de rayonner, ou de se diffuser, l'amour exprimerait un désir de vivre plus intensément en sentant notre vie en réparer ou en ranimer une autre.

Si une telle analyse était vraie, elle nous imposerait la reconnaissance d'un fait psychologique fondamental. Bien loin qu'aucun individu n'existât en soi-même et pour soi-même, à la manière d'une monade, chacun se sentirait au contraire d'autant plus exister qu'il sentirait sa propre existence retentir en une autre. C'est dans ce qu'un autre en ressentirait qu'il se sentirait plus intensément lui-même.

Le syndrome des Béatitudes

Qu'on puisse aimer une personne en dépit de tout ce qu'on en connaît, on ne finirait pas d'en accumuler exemples et témoignages. Or nous allons voir que non seulement l'amour résiste à ce qu'il sait d'une personne, mais qu'il peut même être suscité par ce qui devrait l'en détourner. Aussi est-on souvent d'autant plus porté à aimer une personne qu'elle paraît moins désirable. Comme dans les Béatitudes, c'est parce qu'on la voit malheureuse qu'on a envie de la consoler, ou parce qu'on la sent si démunie ou disgraciée qu'on désire compenser ce qui lui a été dénié. Telle est cette « toute-puissance du malheur » qu'évoque Benjamin

Constant[1], qui nous fait une obligation d'aimer ce qu'on n'aurait pas imaginé pouvoir jamais désirer. Ainsi peut-on être tenté d'aimer une personne, rien que pour en devenir la providence. Au moins y aura-t-il eu quelqu'un pour lui rendre le goût de l'existence. Le sel de la terre, pour elle, ce sera nous.

Tel personnage de Simenon n'avoue-t-il pas, en effet, avoir « choisi sa femme, exprès, le plus bas possible, presque dans le ruisseau », « l'avoir aimée pour ses défauts, non pour ses vertus », aimer « sa paresse, sa veulerie, sa vie quasi animale ou infantile » ?[2] La pauvreté, la laideur, la sottise, cela n'a-t-il pas chance en effet d'être reposant ? Une autre ne se fût-elle pas autorisée de sa beauté pour imposer ses caprices et exiger d'avilissantes complaisances ? Celle qui aurait vécu dans un univers cultivé n'eût-elle pas bientôt accablé de son mépris

---

1. B. Constant, *Journaux intimes*, 23 septembre 1804, p. 379.
2. Cf. G. Simenon, *Les Autres*, XI, 351, 353, 355.

un homme qui limitait ses lectures à celle du carnet mondain ? Quant à celles dont la jeunesse s'est passée à fréquenter le Gotha, que ne faudrait-il avoir fait, ou à quoi ne faudrait-il être parvenu, pour s'en faire pardonner d'avoir dû travailler ? Moins les origines et les qualités d'une femme sont enviables, plus est-il donc probable qu'on doive envier son mari, s'il n'aspire à rien tant qu'à son confort et à la paix. Autant que l'amour ait encore un sens, il n'est guère fait alors que de commodités, d'indulgences réciproques, et d'habitudes partagées. Ce qu'on aimerait dans la faiblesse ou dans la pauvreté, ce serait qu'en ayant si peu à leur donner, elles eussent néanmoins la modestie de n'attendre pas davantage. Dans la misère, l'insignifiance, ou même la laideur de la femme aimée, cette sorte de prodigalité avaricieuse verrait donc en fait un bon placement : on y gagnerait en sécurité et en tranquillité tout ce qu'y perdrait notre vanité. Faute d'aimer une femme pour l'image flatteuse qu'elle nous procurerait, on l'aimerait alors pour tous les tourments qu'elle nous épargnerait.

Il va de soi, par conséquent, que *le sens que nous donnons à l'amour dépend de celui que nous donnons à la vie*. Ou bien nous en attendons de souffrir le moins possible : nous attendrons alors de l'amour qu'il nous protège de toute douleur et de tout souci. On nommera amour cette sorte d'anesthésie. Ou bien, tout à l'inverse, il nous semblera avoir d'autant plus vécu que nous nous serons senti plus intensément vivre : mettant notre vie à la merci d'une autre, c'est à vivifier cette autre vie que nous consacrerons la nôtre. Comme s'il s'agissait de vases communicants, c'est dans sa vie que nous sentirons s'accomplir la nôtre, et la nôtre s'exaltera de tout ce que nous sentirons retentir dans la sienne. Vivre, c'est donner la vie. C'est la communiquer. Comme si une autre vie pouvait s'augmenter de la nôtre, plus nous aurons pu contribuer à rendre sa vie plus intense, plus intensément aurons-nous senti la nôtre.

Loin d'être inspiré par le désir, l'amour, dans ce cas, le précède. Ce qu'on aime alors, c'est ce qu'il y a de si meurtri, de si fragile, de si fissuré dans une autre vie qu'on voudrait la sauver ou la secourir par la nôtre. Deux sentiments conspirent à cette aspiration, à la fois quelque complaisance narcissique et la prodigalité d'une vitalité qui tend à déborder d'elle-même. D'un côté, en voyant une existence si disgraciée, un vertige nous prend : celui de faire rayonner Cendrillon, de la transfigurer par la seule magie de l'amour. Quelle image n'aurait-elle alors de nous ! D'un autre côté, rien ne nous semble plus exaltant ni plus prodigieux que d'opérer ce miracle. Et en effet, comment notre vie s'exercerait-elle et s'accomplirait-elle davantage qu'en se communiquant ?

C'est ce que nous suggère une observation de Simenon. Dans un café de Concarneau il voit s'échiner une fille de salle, sans cesse rabrouée, bousculée, malmenée. « Il y avait en elle, note-t-il, une humilité exagérée. Ses yeux battus, sa façon de glisser sans bruit, de frémir avec inquiétude au moindre mot, cadraient assez bien avec l'idée qu'on se fait d'une souillon. Elle était anémique. Sa poitrine plate n'était pas faite pour éveiller la sensualité. *Néanmoins elle attirait*, par ce qu'il y avait en elle de trouble, de découragé, de maladif. »[1] Or comment peut-on être attiré par ce qu'il y a de moins attirant, à moins que ce qu'il y a de plus pitoyable ne nous incline presque spontanément à le secourir, comme s'il y avait, inhérent au principe de la vie, une tendance à réparer ce que nous voyons rompu, et à cicatriser les blessures ? S'il en était ainsi, *il nous faudrait admettre que la vie ne s'enferme dans un individu que pour en rayonner en se communiquant. Aussi n'y aurait-il pas d'individu qui fût à lui-même le centre de sa vie. Chacun aurait le centre de sa vie hors de soi. Telle serait l'origine de l'amour. Aimer, ce serait avoir trouvé hors de soi le centre de sa vie.*

Or il suffit d'attendre pour avoir son centre hors de soi. Quant à reconnaître

---

1. G. Simenon, *Le Chien jaune*, XVI, 287.

celui ou celle qu'on attendait, il suffit pour cela de s'en imaginer attendu. De même que le vide attend ce qui le remplirait, autant y a-t-il de figures de l'attente qu'il y en a de l'indigence, du manque, ou du délaissement. Aussi est-ce tout spontanément qu'on se met à aimer la personne la moins brillante ou la moins séduisante, précisément parce qu'elle est celle dont on imagine en l'aimant de colmater l'attente.

Ainsi un des magnats de la presse parisienne se rappelle-t-il n'avoir épousé que des femmes dont il ne pouvait rien attendre, rien que pour avoir imaginé ce qu'elles attendraient de lui. Il avait vingt-deux ans lorsqu'il avait épousé la première. C'était au Moulin Rouge. « Maigriotte, anémique, elle était celle dont le numéro était le moins applaudi. Il la regardait avec une tendresse mêlée de pitié. Il avait été important qu'elle ne respirât pas la santé, qu'on fût tenté de la plaindre et de la protéger. » « En prenant en charge une petite danseuse de dix-sept ans qui ambitionnait de devenir comédienne, il s'était cru capable de la transformer », de lui apporter la confiance dont elle manquait et de la rassurer sur elle-même. Mais elle avait plus de résistance et de volonté qu'il n'avait imaginé. Elle n'avait pas besoin de lui. Rapidement, sans bruit, ils s'étaient séparés.[1]

Il était bien plus âgé, et même déjà devenu un personnage fort connu, lorsqu'il avait rencontré la seconde. « Il l'avait sans doute aimée à son insu dès le premier jour. Il l'aime encore, c'est certain. » C'est même le plus étrange. Car on imagine difficilement « ce qui avait pu l'attirer de la sorte. Qu'est-ce qui, en elle, a attiré son attention ? Après huit ans, il ne trouvait encore pas d'explication suffisante. » « Etait-ce son aspect lamentable ou tragique ? Son long visage blanc paraissait encore plus long à cause des cheveux qui pendaient sur les joues et lui tombaient, mal peignés, sur les épaules. Elle portait un manteau fripé et ses talons étaient

---

1. Cf. G. Simenon, *Les Anneaux de Bicêtre*, XI, 770, 774.

usés, un de ses bas coupé d'une échelle. Elle faisait pauvre et pathétique. » Lorsqu'elle inventa par la suite s'être enfuie de chez elle, avoir perdu ses parents, avoir été élevée par une tante, puis violée dès douze ans par son oncle, il n'y résista plus. Il n'eut aussitôt de cesse de l'installer chez lui, de lui trouver un emploi, de l'acclimater, de l'amadouer, de la réconcilier avec l'existence. « Il ne parvenait pas à se passer d'elle, et dans le même temps, il ne savait qu'en faire. »[1]

Tout aussi incompréhensible serait l'attachement de maître Gobillot, le célèbre avocat, pour une insignifiante petite grue, si on n'attribuait ce tout semblable effet à une toute semblable cause. Lui-même en convient : quelques explications qu'il ait cherchées à cette inclination, il n'a jamais pu trouver la moindre. La seule possible est « celle que personne ne croira : la volonté de rendre quelqu'un heureux, de prendre quelqu'un en charge, complètement,

---

1. *Ibid.*, pp. 747, 800-801, 803.

quelqu'un qui vous doive tout, qu'on sorte du néant en sachant qu'il y retournera si on lui fait défaut ». [1] Car n'est-ce pas vivre deux fois, ou deux fois plus intensément, que de communiquer à une autre vie l'élan de la sienne ? De même, en effet, qu'on ne sent pas sa force à moins de la confronter à un obstacle, de même ne sent-on pas ordinairement sa vie à moins d'en communiquer la vitalité à une autre. Parce que le propre de la vie, comme de la lumière, est de se propager, on ne la sent jamais si intensément qu'en la transfusant ou la diffusant dans une autre. L'amour, en ce sens, serait une célébration de la vie dans notre obstination à la ranimer là où on la sent le plus défaillir.

Si déconcertantes, de telles amours sont pourtant toutes simples. Elle attendait que quelqu'un s'intéressât à elle, et il attendait de s'intéresser à quelqu'un. Elle attendait un regard qui s'attendrît ou s'émerveillât de

---

1. Cf. G. Simenon, *En cas de malheur*, VIII, 461 et 474.

l'observer ; et il attendait de destiner à une autre ce surcroît d'énergie dont il se sentait déborder. Bref ils attendaient.

C'est donc cette originaire attente qu'il nous faut comprendre si nous voulons pouvoir élucider le sens et l'origine de l'amour.

L'attente et ses ambivalences

Qu'il n'y ait pas d'expérience plus originaire que celle de l'attente, c'est ce qu'il suffit d'observer la vie pour comprendre. Il n'y a pas un caractère, pas une manifestation, pas une figure de la vie qui ne l'identifient à une tendance. Qu'il s'agisse de croître, de se conserver, de s'adapter, d'évoluer, de se reproduire, tout en elle est tendance. Il y a, en tout organisme vivant, une tendance au développement et une tendance à l'évolution. Chaque individu manifeste à la fois une tendance centrifuge à propager son espèce et une tendance centripète à tout ramener à soi. Il n'y a pas d'homme en qui ne se révèlent une tendance à l'identité et une tendance à la différence. Par la première chacun tend à s'intégrer à son groupe, à rechercher son soutien en se rendant semblable à tous les autres. C'est ce qu'opère l'imitation. Par la seconde chacun tend à obtenir l'attention et la considération des autres en s'en faisant remarquer et en faisant reconnaître sa singularité.

Or, spécifique de la vie animale, la sensation se caractérise par sa réflexivité. Sentir, c'est toujours sentir qu'on sent. C'est avoir conscience de sentir. Aussi est-il bien remarquable, comme dans l'anesthésie, qu'on cesse d'avoir conscience en cessant de sentir. Il est donc tout naturel que la tendance se réfléchisse en attente comme la vie se réfléchit en conscience. On pourrait donc dire que *l'attente est à la conscience ce que la tendance est à la vie : son principe.*

J'attends de me nourrir quand j'ai faim, j'attends de boire quand j'ai soif, j'attends de dormir quand j'ai sommeil. Il n'y a pas un besoin physiologique qui ne se manifeste en suscitant psychologiquement notre attente. Aussi n'y a-t-il pas d'animal dont les sécrétions endocrines ne caractérisent le sexe comme *l'attente incorporée d'un autre*. Sa sexualité fait ainsi éprouver à chacun sa simple individualité comme une solitude, et sa solitude comme une indigence. Etre sexué, c'est porter en soi *l'attente* d'un autre. En nous faisant éprouver jusqu'à la douleur notre substantielle incomplétude, la sexualité nous fait sentir que nous avons notre identité dans l'altérité. *Sentir qu'on a son centre hors de soi* : en même temps que cela suffirait à définir l'attente, cela pourrait aussi définir la disposition amoureuse.

En décrivant cette disposition comme un besoin ou comme une quête, que fait d'ailleurs Benjamin Constant sinon l'identifier à l'exaspération d'une attente ? De même que l'attente précède tout objet qu'on puisse dire attendu, de même, note-t-il, « le sentiment de l'amour n'a rien de commun avec l'objet qu'on aime. C'est un besoin du cœur qui revient périodiquement, à des époques plus éloignées que les besoins des sens, mais de la même manière ; et comme l'attrait des sexes fait qu'on cherche une femme dont on puisse jouir, n'importe laquelle, le besoin du cœur cherche à se placer sur un objet qui l'attire ou par de la douceur, ou par de la beauté, ou par telle autre qualité qui devient le prétexte que le cœur allègue à l'imagination pour justifier son choix. »[1] Peut-être la seule inadvertance de cette observation est-elle donc d'attribuer à un choix ce que nous n'avions pas eu à choisir pour l'attendre, fût-ce même à notre insu.

C'est ce que décrivent plusieurs personnages de Simenon. Quand on sent jusqu'au vertige ou jusqu'à l'écœurement la vacuité de la vie, on attend ce qui la remplirait. Le vide, psychologiquement, c'est l'attente du plein. Aussi suffit-il d'éprouver ce vide pour se sentir attendre. « Est-ce cela la vie ? se révolte l'un d'eux. Un peu

---

1. Cf. B. Constant, *Journaux intimes*, 26 janvier 1803, p. 233.

d'enfance inconsciente, une brève adolescence, puis *le vide…* » Se demandant comment elle avait pu s'amouracher de l'homme le plus inconsistant et le plus veule, une deuxième l'attribue, elle aussi, à cette sensation d'un vide : « C'était *un vide*, voilà, elle cherchait le mot depuis longtemps. Il n'y en avait pas d'autre : un vide ! Et, dans le vide, l'équilibre n'existe plus, on flotte sans se poser. » Pour s'en sauver, on peut être en effet tenté de s'agripper à n'importe quoi, de *s'accrocher* à n'importe qui. C'est aussi ce qui avait réuni ces deux solitudes que rien n'aurait dû rapprocher, mais qu'un hasard avait fait échouer dans le même bar de Manhattan : « eux deux qui ne se connaissaient pas, ils *se raccrochaient* maintenant l'un à l'autre avec une ardeur désespérée. » De même le docteur Cadot n'avait pas choisi sa compagne. Il ne l'avait pas cherchée. Celle qui accompagnait son travail, comment n'aurait-elle pas aussi partagé sa solitude ? En la partageant, elle l'en avait délivré. « En remplaçant sa femme, sa secrétaire n'avait pris la place de personne. Elle avait *rempli un vide.* »[1] Ainsi Maigret attribue-t-il à cette expérience si commune du vide, de la solitude, ou du délaissement, l'attitude quasiment réflexe par laquelle on tente d'arrimer notre existence à une autre. « Chacun *se raccroche* à quelque chose. »[2] De là s'ensuivent toutes les passions, aussi irréalistes ou déraisonnables qu'elles puissent paraître. C'est ce que le docteur Alavoine essaie de faire comprendre à son juge. Par exemple, lui écrit-il, « je ne vous dirai pas que ce sont les meilleurs qui boivent, mais ce sont ceux, à tout le moins, qui ont entrevu quelque chose, quelque chose qu'ils ne pouvaient atteindre, et dont le désir leur faisait mal jusqu'au ventre ». Or ce qu'on découvre ne pouvoir atteindre, c'est parce qu'on l'attendait.

---

1. Sur cette sensation de vacuité de l'existence, cf. G. Simenon, *La Fenêtre des Rouet*, I, 97 ; *Le Testament Donadieu*, XX, 221 ; *Trois chambres à Manhattan*, I, 225 ; *L'Ours en peluche*, X, 535.
2. Cf. G. Simenon, *Maigret a peur*, VI, 600.

Autant l'attente originaire nous empêche de jamais coïncider avec nous-mêmes, autant c'est elle qui nous empêche d'atteindre jamais ce qu'on désirait. En nous faisant éprouver le présent comme le manque de quelque chose à venir, elle nous en dissocie et ne nous en fait sentir que le vide. C'est elle qui, en nous retranchant de tout ce que nous vivons, nous y rend étrangers. De là vient, chez Sartre, que Mathieu « n'avait jamais pu se prendre complètement à un amour, à un plaisir ». Car sa vie, comme celle de Lola, « n'avait été qu'une attente ».[1] C'est la condition commune. Aussi un des personnages de Simenon peut-il se surprendre à dire, à quarante-huit ans, malgré femme et enfants, et quoique dirigeant une entreprise prospère, qu'« il attendait toujours, il attendait quelque chose à quoi il aspirait et qui ne venait pas encore ».[2]

---

1. J.-P. Sartre, *L'Age de raison*, Paris, Gallimard, 1945, pp. 65 et 256.
2. Cf. G. Simenon, *La Fuite de Monsieur Monde*, I, 126.

Comme s'il s'agissait des deux faces d'une même étoffe, attente et solitude sont toutefois indissociables. Ne suffit-il pas en effet d'attendre pour se sentir secrètement séparé de tout ce qui nous entoure ? Et réciproquement, ne suffit-il pas d'être seul pour attendre ce qui pourrait mettre fin à notre solitude, ne serait-ce qu'en la partageant ? A notre originaire attente correspond donc un tout aussi originaire sentiment de solitude, et le désir de la rompre. Sans doute est-ce là le principe de l'amour.

A l'ambivalence de l'attente doit donc correspondre une toute semblable ambivalence du sentiment amoureux. Car l'attente suscite deux sentiments aussi solidaires que contradictoires. D'une part, le présent l'impatiente. Toute tendue vers l'avenir, elle n'aspire qu'à s'y élancer. C'est ce qui fait son inquiétude. D'autre part, elle s'irrite d'elle-même, et n'aspire qu'à se supprimer. Aussi attend-elle toujours ce qui ne laisserait plus rien à attendre. C'est ce qui lui fait désirer à la fois de se séparer et de s'attacher, de quitter le présent et de rencontrer ce qu'on ne voudrait plus quitter. En même temps qu'elle suscite donc un désir d'aventure, elle n'aspire à rien tant qu'à une sorte de stabilité et d'immutabilité.

L'intolérable solitude

Lorsqu'un acteur naguère célèbre mais désormais oublié des réalisateurs suit dans la nuit une inconnue qu'il vient de rencontrer, passe la nuit avec elle, souffre de devoir la quitter un seul instant, et finit par ne même plus supporter qu'elle ait pu vivre avant qu'il l'ait connue, si effarante est la situation que lui-même finit par s'en interroger. Comment cela a-t-il été possible ? La veille encore, elle n'était rien pour lui ; et voici qu'elle est tout. Par quelle énigmatique alchimie cela a-t-il pu se produire ? « J'étais tout seul, voilà ! J'étais tout seul, c'est toute l'histoire. » Pour que cette jeune femme lui devînt indispensable, il avait suffi qu'elle acceptât de l'accompagner, «une nuit que la solitude lui était intolérable ». Elle est celle par qui l'atroce douleur de la solitude avait disparu, celle par qui s'était desserré le garrot de la mélancolie. Ils étaient «comme deux êtres qui, après avoir longtemps erré dans la solitude, auraient obtenu la grâce d'un contact humain ». [1] Que le seul fait d'être deux au lieu d'être seul soit vécu comme «une grâce » prouve assez que la solitude est à la fois une épreuve et une malédiction.

Or qu'est-ce qui fait de la solitude une détresse ? Pourquoi François Combe, acteur français en quête d'engagement à New York, y éprouve-t-il sa solitude comme un temps qu'il devrait passer à ne pas vivre ? Etre seul, pour lui, c'est être comme un mort vivant. Pourquoi ? Disposant d'assez d'argent pour vivre, ayant loué un appartement, justifiant par d'anciens succès ses démarches auprès des studios, y connaissant encore quelques réalisateurs, il n'est

---

1. Cf. G. Simenon, *Trois chambres à Manhattan*, I, 226, 235, 242.

pas en relégation dans la ville. Pourtant rien de ce qui l'y occupe ne semble occuper personne. Sans engagement, il se sent abandonné de tous. De même que personne ne partage son souci, personne non plus ne se soucie de lui. Personne ne se retourne sur lui, personne ne le regarde, personne ne lui parle, personne ne s'intéresse à lui, personne ne s'apitoie sur lui. Il n'y a même personne pour lui mentir afin de le réconforter. Voici donc le fait psychologique fondamental : *en n'existant pour personne, il lui semble avoir cessé d'exister*. Son corps, il le traîne comme une ombre. Mais son corps ne le désigne plus. Son corps n'indique plus sa présence à personne. Où qu'il aille, il passe sans être vu. Rien ne distingue plus son existence de son inexistence. Ou s'il existe, c'est comme n'importe quel autre objet tout aussi dépourvu d'utilité que d'intérêt, à l'état de déchet.

Cette expérience est aussi bien celle des enfants timides que des jeunes gens ambitieux. De même qu'il semble aux uns n'exister qu'à peine tant ils sont superflus dans le monde, de même semble-t-il aux autres qu'on leur dénie leur identité, qu'on ne les reconnaît pas parce qu'on ne les connaît pas : toujours vus pour ce qu'ils ne sont pas, sans être jamais vus pour ce qu'ils sont. C'est ce qui fait leur commune solitude. Dans le roman de Benjamin Constant, n'est-ce pas en effet à son ordinaire solitude que le jeune Adolphe doit de s'être épris d'une femme aussi entourée qu'Ellénore ? « Accoutumé à renfermer en moi-même tout ce que j'éprouvais, à ne former que des plans solitaires, [...] je portais au fond de mon cœur un besoin de sensibilité dont je ne m'apercevais pas. » Aussi ne l'a-t-il pas plus tôt aperçue qu'elle l'occupe sans cesse. « Je ne concevais rien à la douleur violente qui déchirait mon cœur. Le besoin de voir celle que j'aimais, de jouir de sa présence, me dominait exclusivement. »[1] Or cela ne dépend pas

---

1. Cf. B. Constant, *Adolphe*, pp. 48, 56, 58, 61.

plus d'une époque ou d'une éducation que d'une classe sociale. A plus d'un siècle de distance, découvrant la petite ville où il vit aussi indifférente à son existence qu'à son inexistence, René Maugras s'y était senti aussi seul que s'il y avait été abandonné. Il ne participait à rien, n'importait à personne. « D'une seconde à l'autre, il avait découvert l'inutilité de tout ce qu'il pouvait faire. Un monde sans signification l'entourait, dont il lui semblait qu'il ne faisait plus partie. Il l'observait, non plus du dedans, mais du dehors, en étranger. » En s'insinuant dans la vie d'un autre, en l'intéressant, en l'occupant, en l'investissant, il se sentirait exister. C'est pourquoi il avait épousé Marcelle. Non qu'il l'eût vraiment aimée. « Il l'a épousée pour ne plus être seul, pour être deux. »[1]

Voilà le miracle opéré par une liaison amoureuse. Car ce n'est pas parce qu'on

---

1. Cf. G. Simenon, *Pedigree*, II, 482 ; *Les Anneaux de Bicêtre*, XI, 689, 768 et 775.

s'aime qu'on se lie, mais tout à l'inverse parce qu'on s'est lié qu'on commence à s'aimer. L'amour exprime ici à la fois une gratitude émerveillée pour la personne qui nous a délivrés de notre relégation intérieure, le désir de perpétuer auprès d'elle la douceur qu'on en a reçue, et la volonté de lui être d'autant plus profondément uni qu'on la connaîtra davantage. Car être ensemble, c'est le seul recours que nous ayons contre l'angoisse et la mélancolie d'être seul.

Dans la solitude, mon corps me sépare de tous les autres. Il m'en excommunie. Dans l'amour, à l'inverse, c'est par lui que je me sens le plus intensément uni à une autre personne. En réduisant mon corps à un simple objet matériel, ma solitude exclut tous les autres de la place qu'il occupe. A cause de nos corps, nous nous gênons et nous repoussons tous mutuellement. Tout au contraire, dans l'amour, je n'ai que mon corps pour exprimer à un autre l'émotion dont il me bouleverse, et lui faire sentir l'intensité de ce que je sens. Lorsque je touche le corps de la personne aimée, non seulement elle sent que je le sens, mais je sens aussi qu'elle le sent. C'est par quoi l'intimité des corps abroge toute solitude, en faisant retentir en chacun ce qu'éprouve chaque autre : en une sorte d'hyperesthésie, ce que l'un sent s'aiguise, s'amplifie, se redouble de tout ce que ressent l'autre. Ainsi en vient-on à d'autant plus intensément sentir son identité qu'on la sent retentir dans une autre.

Alors que, pour voir quelque chose, il m'en faut être à distance, et par conséquent séparé, tel est au contraire le privilège du toucher qu'il abroge toute distance entre le sujet et l'objet. Ce que je touche, plus rien ne m'en sépare. Mais si c'est un corps et non pas un objet que je touche, voici qu'il sent aussitôt de moi ce que je sens de lui. Nous ne vivons plus alors enfermés dans notre intériorité, sans pouvoir communiquer ni faire partager ce que nous sentons. Cette sensation n'est pas seulement mienne, elle est *nôtre*. Non seulement elle nous est commune, mais il n'y a *que nous* pour la sentir. Aussi le toucher abroge-t-il l'originaire séparation que la vue perpétue. Contrairement à ce que suggère Apollinaire, le plus simple moyen de ne pas rester « face à face », c'est de se tenir « les mains dans les mains ».

C'est pourquoi, chez Simenon, le contraire de la solitude, c'est *le contact*. Dans un de ses romans, si irrésistible est l'amour qu'il en deviendra criminel. Pourquoi l'un des protagonistes accepte-t-il de tromper sa femme et d'en rejoindre une autre ? Auprès de sa femme et de sa fille, il se sentait pourtant aussi heureux qu'on peut l'être quand on ne sent pas comme une douleur le besoin de l'être davantage. Pour rien au monde il n'eut donc voulu perdre la vie paisible et confiante dont il jouissait dans son foyer. S'il a pu consentir à troubler cette paix et à mettre leur existence en péril, ce fut tout simplement pour quelque imperceptible distance qui le maintenait toujours un peu séparé de sa femme : « il ne trouvait pas le contact avec elle ». Pour trouver ce contact, un autre brise sa vie, son bonheur, son couple, en cédant chaque nuit à la tentation d'entrer dans un des rares cafés encore ouverts. Quelque volonté qu'il en ait, quelque serment qu'il s'en fasse, il ne peut y résister. A chaque fois, son numéro d'illusionniste achevé, la nuit le fait grelotter de solitude. Cette lueur au carrefour, derrière la buée des vitres, lui annonce un peu de chaleur, la douceur d'une furtive complicité. « Il pourrait, à la rigueur, ne pas boire du tout, rester à regarder devant lui. Mais alors le contact ne s'établirait pas. » Or c'est cela qu'il vient chercher. « Quand il commençait à boire, ce qu'il cherchait, c'était ce contact, cette façon de voir l'humanité et de s'en sentir solidaire. »[1] L'amour, ou du moins l'une de ses principales figures, consiste à chercher auprès d'un autre corps ce que d'autres essaient de trouver dans

---

1. Cf. G. Simenon, *La Chambre bleue*, XII, 280-281 ; *Antoine et Julie*, VI, 434-435, 468.

l'alcool : la chaleur et l'intimité d'un contact, une trêve à l'ordinaire solitude. C'est ce qu'avait éprouvé François Combe, l'acteur à la dérive à New York, lorsqu'en s'éveillant au petit matin auprès d'une inconnue il s'émerveillait d'en avoir reçu « la grâce d'un contact humain ». C'est ce que découvre ailleurs un tout jeune homme en sentant les doigts d'une femme s'enlacer aux siens. « Quand il voulut reprendre son verre sur la table, sa main rencontra la sienne. Des doigts s'emmêlèrent, moites, à ses doigts. Brusquement il l'eut dans ses bras sans savoir si c'était lui qui l'y avait attirée ou elle qui s'y était jetée. » Toute distance abrogée, toute inhibition levée, cet immédiat contact d'un corps collé au sien lui fait soudain éprouver, comme la fin d'une attente, la fin de sa solitude. « Il avait l'impression d'être arrivé, enfin. Un corps chaud était serré contre le sien et il ne pouvait se décider à le lâcher, il ne voulait déjà plus la perdre. »[1] A toute la

____

1. Cf. G. Simenon, *L'Escalier de fer*, VI, 687.

mélancolie de la solitude et à toute la grisaille de l'existence il y avait donc un remède. Il venait d'en avoir la révélation : c'était l'amour.

Car l'amour ne consiste pas seulement dans le fait d'« être deux », ou d'« être ensemble », mais aussi dans cette intimité qui rend l'autre plus intérieur à chacun que lui-même. Du même coup, plus de secret, de réserve, de mensonge, de défiance. Comme si les consciences en pouvaient être rendues diaphanes, l'amour se persuade qu'elles puissent devenir translucides l'une à l'autre. Comme il rend innocente la nudité des corps, il pressent une telle nudité des âmes qu'aucun n'y aurait plus rien à cacher ni à dissimuler à l'autre. « Pour la première fois de ma vie, s'émerveille le personnage du *Train* emporté dans la débâcle de 1940, je n'avais pas honte de mes désirs sexuels. Avec Anna, c'était devenu un jeu qui me paraissait très pur. Nous en parlions avec enjouement, avec candeur. »

Si fusionnelle était également cette «intimité de la chair» que François Combe partageait avec Kay, «qu'ils avaient l'impression d'être amants depuis toujours. […] Leurs corps pouvaient se dénouer. Ils pouvaient rester l'un devant l'autre, sans pudeur, sans arrière-pensée».[1] Il y a donc un état d'innocence et une extraterritorialité de l'amour. A l'insu de tous, il retranche les amants du reste du monde, et les introduit dans un monde singulier où nul autre ne peut accéder, où plus rien n'existe qu'eux-mêmes, et où chacun ne vit que pour l'autre.

Aussi le propre de l'amour est-il que deux imaginations s'unissent et conspirent à construire un univers qu'elles seraient seules à habiter. De là vient que l'amour puisse être vécu comme un refuge où s'enfermer pour se protéger du monde. De là vient aussi qu'on puisse avoir l'impres-

---

1. Cf. G. Simenon, *Le Train*, XI, 80 ; *Trois chambres à Manhattan*, I, 223.

sion d'émigrer en participant à l'ordinaire de la vie, comme si on passait de l'intimité à l'étrangeté, de la simplicité à la complexité, de la transparence à l'opacité, et de l'innocence à la suspicion.

L'amour comme révélation

Nous n'avons jusqu'ici décrit que les expériences les plus émotionnelles et les plus immédiates de l'amour. Aucune intimité préalable n'y préparait. Aucune forme d'admiration ni d'estime n'avait pu faire aspirer à une plus constante et plus intense communion. Aussi le mot le plus souvent employé pour caractériser une expérience aussi bouleversante qu'improbable a-t-il été celui d'une révélation.

Pour tous elle a consisté à découvrir quand ils ne l'attendaient plus ce qu'ils avaient toujours attendu. Les uns continuaient d'attendre quoiqu'ils parussent avoir déjà tout obtenu. Lassés d'espérer, d'autres n'attendaient plus rien. Riches ou pauvres, mariés ou célibataires, célèbres ou inconnus, tous considéraient la vie comme une duperie qui nous fait depuis toujours attendre ce qui n'arrive jamais. Or, si brève qu'ait été une rencontre, elle leur a fait découvrir dans une sorte d'illumination qu'il y avait pour cette vraie vie toujours absente une chance d'exister. Par son style, par sa tonalité, par sa musicalité propre, la personne aimée leur a révélé ce qu'ils attendaient de la vie. Comme si elle eût appartenu à quelque autre univers dont sa seule présence eût attesté l'existence, il semblait qu'en vivant auprès d'elle on eût été introduit dans ce monde et initié à ses prestiges. Du surcroît de charme, d'élégance, de vibration et de sensualité qu'elle en eût ainsi reçu, notre vie eût été transfigurée.

Le seul moyen qu'ait trouvé Balzac pour persuader Marie-Angélique de Vandenesse de la sincérité de Raoul Nathan fut de faire déclarer à ce dernier qu'ils « s'étaient révélé l'un à l'autre le véritable amour ».[1] C'est par une toute semblable révélation, chez Fromentin, que Dominique caractérise son amour. « Madeleine était charmante, et elle avait dix-huit ans. Cette illumination soudaine m'apprit en une demi-seconde tout ce que j'ignorais d'elle et de moi-même. Ce fut comme une révélation définitive. »[2] De même, pour tenter de faire comprendre à son juge quelle bouleversante découverte avait été pour lui la rencontre d'une pauvre fille sur un quai, le docteur Alavoine lui aussi ne peut qu'évoquer « l'impression d'une révélation ». Il essaiera un peu plus tard de lui en expliquer la nature. « D'abord, voyez-vous, il y a eu ce corps raidi, cette bouche ouverte, ces yeux affolés qui ont été pour moi un mystère, puis une révélation. »[3]

---

1. H. de Balzac, *Une Fille d'Eve*, in *La Comédie humaine*, t. II, Bibl. de la Pléiade, Paris, Gallimard, 1956, p. 127.

2. Cf. E. Fromentin, *Dominique* (1863), Paris, Garnier-Flammarion, 1967, p. 103.

3. Cf. G. Simenon, *Lettre à mon juge*, I, 704 et 739.

Que l'amour puisse être éprouvé comme une révélation ne suppose pas seulement la découverte de vérités jusque-là insoupçonnées, mais encore l'évidence de réalités inaccessibles à la commune expérience. Quoique rien ne paraisse aussi naturel que d'aimer, le seul fait d'aimer doit néanmoins nous faire éprouver quelque chose de surnaturel. Car comment nommerait-on autrement que surnaturel ce qui nous soustrait aux règles les plus constantes de notre condition ? Que nous n'existions qu'à distance des autres, sans qu'il y ait telle proximité qui ne nous en laisse toujours séparés, c'est en effet naturel. Que chaque autre ne puisse être pour nous qu'une énigme dont l'habitude seule nous fait oublier l'étrangeté, c'est si naturel que nous omettons même de nous en étonner. Que désirons-nous vraiment, qu'attendons-nous de l'existence ? Le plus souvent, nous ne le savons pas. Or y a-t-il rien qui puisse davantage nous caractériser ? Comment, dans ces conditions, pourrions-nous espérer être connus de quiconque, alors que nous ne saurions pas même dire ce que nous sommes ? Par ailleurs, presque toute notre éducation n'a-t-elle pas consisté à refouler nos peurs, nos détestations, nos angoisses, de façon à les rendre insoupçonnables par autrui ? Ne jouons-nous pas, en outre, autant de personnages différents que nous tenons de rôles, et n'avons-nous pas autant de rôles à tenir qu'il y a pour nous de situations et de relations différentes ?[1] Aussi n'y a-t-il rien de plus ordinaire que de vivre méconnu, même de ceux qui vivent dans notre intimité. Vivant dans un tout banal incognito, il n'y a jusqu'à la solitude qu'il nous impose qui ne soit, elle aussi, une clandestinité.

Quant à attendre, ne passons-nous pas toute notre vie à tenter d'obtenir des choses

---

1. Cf. p. ex. G. Simenon, *L'Ours en peluche*, X, 607 : « Ce n'était pas le même homme qui professait à Port-Royal et qui, avenue des Tilleuls, tenait longuement la main des patientes. Il n'était pas le même non plus dans son cabinet de consultation, dans la salle à manger, chez Viviane ou chez sa mère. De sorte qu'en fin de compte il n'était plus personne. »

qui nous lassent ou nous paraissent dérisoires dès que nous les avons obtenues ? Attendre, c'est notre grande affaire. Nous ne faisons même que cela. Parce que l'attente est la conscience même, sans cesse notre conscience nous assigne quelque objet à venir, et nous en détache aussitôt qu'il advient. Pour perdre son prestige, il lui suffit d'exister. Aussitôt est-il en notre possession que nous découvrons en effet nous être mépris. Ce n'était pas vraiment ce que nous imaginions attendre, puisque nous nous surprenons d'attendre encore. Toute la pensée religieuse de Pascal a son fondement dans cette expérience de la déception. Parce que le propre de l'attente est de porter originairement en elle le sens de ce qui ne laisserait plus rien à attendre, toute attente pose au-devant d'elle, comme son horizon, le sens de l'infini, de l'éternité, de la perfection, de la béatitude, c'est-à-dire le sens de l'absolu. C'est cette subreptice attente de l'absolu qui rend décevantes la finitude et la relativité de tout ce que nous vivons ordinairement.

Tel est le caractère religieux de l'attente. Elle unit aussi spontanément notre conscience à la plénitude du surnaturel que notre perception découpe spontanément toute forme sur fond de son inaccessible horizon.

Or l'amour n'est une révélation qu'en nous procurant la plus imprévisible des expériences. Contre toute vraisemblance, contre toute raison, comme s'il suffisait d'aimer pour être soustrait à notre condition naturelle, il nous fait éprouver trois évidences. Les trois ont un caractère quasiment surnaturel. La première est qu'il est possible de vivre auprès d'une autre personne sans qu'aucune distance ni aucune opacité ne nous en séparent. « J'entends dans mes entrailles votre cœur qui bat » dit Mesa à Ysé dans *Partage de midi*. Ayant enfin rejoint la femme aimée à Manhattan, François Combe « la caressait, et ce n'était pas de la chair qu'il caressait, c'était elle tout entière, c'était une Kay qu'il avait l'impression d'absorber peu à peu à mesure qu'il s'absorbait en elle ». Plus de solitude dès lors. Plus d'énigme. Plus de malentendu. C'est l'innocence retrouvée. Ainsi semblait-il au docteur Alavoine n'être aussi intimement accordé à personne autant qu'à cette inconnue rencontrée sur un quai, et avec laquelle il venait de passer la nuit. « Cette femme qui était en face de moi, pâle et chiffonnée dans la méchante lumière du compartiment, m'était plus proche qu'aucun être humain ne l'avait jamais été. » De façon toute semblable, jeté dans l'anonymat et l'irresponsabilité de l'exode, emporté par un train vers une direction inconnue, n'ayant plus ni famille ni habitudes pour régler sa vie, un homme reçoit comme une grâce la chaleur et la tendresse d'une femme. De son identité, de son histoire, de son caractère, il ne sait rien. Or elle lui était devenue plus proche, plus intime, plus inséparable en un instant qu'aucune personne au monde. Sans qu'ils aient eu à en prononcer le mot, l'amour les avait soudainement introduits dans une

sorte d'innocence et de simplicité dia-
phane.[1]

La seconde évidence révélée par l'amour
est que la vraie vie n'est pas toujours
absente. Il suffit d'être deux. Comme on
s'émerveille, en le découvrant, que le bonheur puisse être une aussi simple chose!
L'amour est à la fois la transfiguration et la
grâce de la banalité. Ainsi Anna Karénine
avait-elle confié à Vronski qu'à partir du
jour où elle l'avait aimé, «tout dans la vie
s'était transformé pour elle». Tout ce qui
fait l'ordinaire de la vie en devient en effet
extraordinaire. Voici qu'on se met soudain
à sentir intensément, comme si on en rece-
vait la révélation, tout ce qu'on avait
jusque-là vécu sans même l'apercevoir. Car
chacun se surprend dans l'amour de sentir
retentir en soi tout ce que sent la personne
aimée. Tout s'en redouble, s'en exalte. Du
charme opéré par cette mutualité de l'exis-

____

1. Cf. *Trois chambres à Manhattan*, I, 261 ; *Lettre à mon juge*, I,
706 ; et *Le Train*, XI, 50.

tence s'ensuit en outre la surprenante nouveauté d'un état d'exception. Comme le pain d'un jour de fête n'a pas le même goût que celui des jours gris, il n'est si simple chose que l'amour n'accueille comme pour une célébration. Ce que nous montre la peinture de Bonnard, c'est moins la fête de la vie que la vie par temps d'amour.

La troisième évidence est celle d'une telle plénitude qu'elle ne laisse plus rien à attendre. Comme si l'absolu faisait intrusion dans le relatif, ou comme si l'éternité suspendait l'indigence du temps, la transe voluptueuse est la furtive révélation d'une vie jouissant si intensément d'elle-même qu'elle est à elle-même sa propre fin. Apollinaire a parfois évoqué dans ses *Poèmes à Lou* ou à Madeleine ce bienheureux vertige où chaque amant reçoit de son union avec l'autre la plénitude de son identité.

« *Etoile Lou fais-moi monter vers toi*
Prends-moi dans ta splendeur
Que je sois ébloui et presque épouvanté

Que l'espace bleu se creuse à l'infini
Que l'horizon disparaisse
Que tous les astres grandissent
Et pour finir fais-moi pénétrer dans ton paradis. »[1]

A l'absorption de l'un par l'autre, à l'abrogation de toute distance et de toute séparation, ces diverses notations associent une perte de repère, comme s'il n'y avait plus rien de fini, de borné, de réservé, qui ne fût sur le point de s'anéantir en une transe fusionnelle. Non seulement l'identité de chacun ne suppose plus aucune distance ni aucune séparation, mais chacun sent même intensément dans la tension de la volupté l'imminence de sa résolution. Dans sa culmination, le plaisir répudie toute attente. L'instant s'y dilate jusqu'à anéantir aussi bien tout passé que tout avenir. Si intense est alors la sensation qu'elle envahit la conscience. Tout entière absorbée par l'ins-

____

1. Cf. G. Apollinaire, *Poèmes à Lou*, in *Œuvres poétiques*, Bibl. de la Pléiade, Paris, Gallimard, 1959, p. 477.

tant, elle se sent quasiment défaillir en s'effondrant dans l'hébétude du présent. Aussi le docteur Alavoine observe-t-il que cette union paroxystique de soi avec un autre lui avait fait éprouver «une sensation d'infinité». Pas plus qu'aucune limite ne le séparait plus de la femme aimée, pas plus aucun délai ne le séparait plus de ce qu'il attendait. Aussi avait-il l'impression d'avoir été affranchi de la condition commune et d'avoir éprouvé «quelque chose de surhumain».[1] Car *il suffit de ne plus rien attendre pour n'éprouver plus de limites, comme il suffit d'attendre pour se sentir confiné dans notre finitude.*

Parce que la vie jouit de soi dans le plaisir *sans attendre rien d'autre*, le plaisir est l'unique expérience humaine qui soit à elle-même sa propre fin. Ne laissant rien à attendre, le plaisir est comme l'absolu : il se suffit à lui-même. Il est à lui-même sa propre raison d'être et sa propre justification. On peut désirer mille choses pour le plaisir qu'on en

---

1. Cf. G. Simenon, *Lettre à mon juge*, I, 703 et 705.

attend, mais on n'attend pas du plaisir autre chose que lui-même. Tout est donc relatif au plaisir qu'on en attend, sans que le plaisir soit relatif à rien. Comme l'initiation dionysiaque évoquée dans le *Phédon*, c'est par une longue ascension qu'on se prépare à accéder à la culmination du plaisir comme à une révélation. Non seulement chacun des amants s'en éprouve redevable à l'autre, mais ils n'ont pu y parvenir que dans un abandon et une confiance réciproques, en ayant en quelque sorte abjuré leur singularité. Aussi l'union amoureuse s'accomplit-elle beaucoup moins par étapes comme pourrait le suggérer la métaphore de l'ascension, que par une lente imprégnation où il semble à chacun se découvrir dans l'autre en s'y dissolvant. 1) Une telle entente et un tel abandon supposent d'abord une complicité ou une connivence communes où chacun s'en remet à l'autre pour échapper à sa solitude. Aussi le premier compagnonnage des amants est-il celui de leur détresse. 2) Pour battre ainsi la chamade et accepter de se livrer à un inconnu, l'amour suppose encore une sorte de confiance spontanée. C'est la confiance des naufragés pour toute main tendue. Par sa seule et secourable présence, l'autre résume en lui tout ce qu'on avait en vain attendu de l'humanité. 3) L'amour requiert ensuite une mutuelle résiliation par laquelle chacun se rend plus attentif à l'autre qu'à lui-même. C'est le moment où chacun s'émerveille de l'autre et cherche à faire retentir en lui ce qu'il éveille en nous. 4) Nul n'étant jamais aussi intensément réuni à soi que dans le plaisir, on ne coïncide jamais autant avec un autre qu'en le révélant à lui-même dans cette découverte. 5) A chacun est alors révélé qu'il se sent d'autant plus intensément lui-même qu'il sent retentir en soi les émotions de l'autre. Ainsi en vient-il à reconnaître l'autre comme son double ou son plus sensible lui-même. Déjà pressent-il donc n'en pouvoir être séparé sans s'absenter de lui-même. Comme la présence de Martine était devenue pour le docteur Alavoine « un besoin aussi nécessaire, aussi absolu, aussi vital qu'un besoin physique », au point de « ne pouvoir plus envisager la vie sans elle », si vive était la douleur de maître Gobillot lorsqu'il ne voyait plus Yvette qu'il ne pouvait plus s'en passer. « J'ai besoin, reconnaissait-il, de la sentir près de moi, de la regarder vivre, de respirer son odeur […] »[1] Sans elle, je ne suis plus moi. 6) Cette union amoureuse s'accomplit enfin dans la révélation de la transe comme dans le dénouement d'une crise. Les amants s'y découvrent alors aussi intensément unis dans le plaisir que s'ils avaient communié dans l'absolu. La vie, qui est une tension, y a trouvé sa détente. Comme s'ils avaient été enfin délivrés du tourment d'exister, il leur semble avoir mérité par leur union cette grâce que chaque conscience espère : de s'éprouver si accordée à l'existence qu'elle puisse la désirer sans fin.

______

1. Cf. G. Simenon, *Lettre à mon juge*, I, 706, 714, 716, 738 ; *En cas de malheur*, VIII, 474.

Comme l'attestent aussi bien *Le Lys dans la vallée* et *La Fausse Maîtresse*, *Dominique* et le prince Muichkine, sans doute peut-on aimer éperdument une personne sans avoir jamais fait l'amour avec elle. Il s'agit d'une pure dévotion par laquelle on se voue à une autre personne, non par espoir de la posséder, mais en s'émerveillant de la servir. Il s'agit donc d'un culte. Mais, comme dans l'idolâtrie, il n'est alors si vive adoration qui ne sente comme une douleur la distance qu'impose toute représentation entre la conscience et son objet. Aussi l'amour ne peut-il qu'aspirer à une communion si intense, si totale, si intime, que rien n'arrive à l'un qui ne retentisse dans l'autre. Mais pour que Mesa puisse dire à Ysé dans *Partage de midi*, « j'entends dans mes entrailles votre cœur qui bat », il n'y a toutefois ni fascination, ni adoration, qui suffisent. Il fallait qu'elle fût « entre ses bras, sans plus de résistance », et que chacun sentît alors comme une ivresse la vie de l'autre vaciller dans la sienne. Parce que la transe voluptueuse unit chacun à soi, à l'autre, et à l'absolu, on comprend qu'elle puisse être vécue moins même comme une consécration que comme un sacrement.

Aux amants a donc été révélé que ni la solitude ni la séparation ne sont irrémédiables. Non seulement l'amour abroge d'un coup l'ordinaire opacité qui rend toute conscience impénétrable à aucune autre, mais il n'y a même rien d'auparavant si banal qu'il ne rende merveilleux en nous le découvrant dans le regard d'un autre. De l'amour ils ont surtout reçu la révélation de l'absolu. Sans doute, comme nous avons tenté de l'élucider, la transe amoureuse suspend-elle toute attente et nous procure-t-elle de la sorte une expérience sensible de l'absolu. Or une telle expérience fait de ceux qui l'ont partagée à la fois des compagnons d'aventure, des initiés, et des célébrants. Impartageable, incommunicable, leur commune découverte a fait d'eux les uniques dépositaires d'un secret. Ce secret, eux seuls le connaissent. Mais chacun n'a pu le connaître que par l'autre. Aussi l'autre n'en est-il pas seulement le témoin, mais aussi le comparse, le complice, le thaumaturge, et le célébrant. Voilà pourquoi chacun dans l'amour se sent uni à l'autre du même lien qui l'unit à l'absolu.

La religion comme initiation
à la vie amoureuse

Cette union à l'absolu donne à l'amour un caractère religieux. Lorsqu'on aime Dieu comme s'il pouvait être une personne, il s'agit de religion. Lorsqu'on aime une personne comme si elle était Dieu, il s'agit tout uniment et tout simplement d'amour. N'est-il pas alors vraisemblable que nous ne soyons si généralement capables d'amour qu'en étant tout aussi généralement et tout aussi spontanément capables de religion ?

Qu'il y ait une analogie ou même une équivalence de la vie religieuse et de l'expérience amoureuse, en témoignent aussi bien l'identité de leur vocabulaire que la réversibilité de leur dévotion. L'une et l'autre ont en effet leur révélation, leur culte, leurs rites, leurs sacrifices, leurs sacrements, leurs célébrations et leurs adorations. Aussi est-ce la même attente, la même expérience du vide et de la solitude, la même disposition à trouver hors de soi le centre de sa vie qui inspirent la foi religieuse comme la dilection amoureuse. « Le cœur a les mêmes ingénuités que la foi, remarquait Fromentin. Tous les cultes passionnés commencent ainsi. » Ainsi était-ce « une vénération idolâtre » qu'Adolphe éprouvait pour Ellénore. « Je la considérais, se rappelle-t-il, comme une créature céleste. Mon amour tenait du culte. »[1] Parce que la religion peut, tout comme l'amour, accaparer toutes nos pensées, mobiliser tous nos soins, retenir toute notre attention, occuper notre cœur, obséder notre existence, Balzac la considérait

______

1. E. Fromentin, *Dominique*, p. 105 ; B. Constant, *Adolphe*, p. 66.

comme « le premier amour des jeunes âmes ». Ainsi attribuait-il le zèle religieux de Véronique Graslin à son désespoir de n'avoir personne à aimer, faute de pouvoir aimer son mari. Et parce que l'amour est si absolu, si total, si exclusif, qu'il tient lieu de religion, il comprenait que celle-ci fût lettre morte pour un homme si passionnément amoureux qu'il avait « trouvé son paradis ici-bas ». [1]

Comme tout vient de Dieu et se rapporte à Dieu dans la religion, il n'est rien aussi dans l'amour qu'on ne reçoive de la personne aimée et qui ne s'y rapporte. Dans une lettre à sa fille du 5 octobre 1673, c'est en effet avec une sorte d'effroi religieux que Mme de Sévigné reconnaissait n'avoir encore pour Lui que l'ombre de son amour pour elle. « En un mot, ma fille, je ne vis que pour vous. Dieu me fasse la grâce de l'aimer

---

1. Cf. H. de Balzac, *Le Lys dans la vallée* et *Le Curé de village*, in *La Comédie humaine*, Bibl. de la Pléiade, Paris, Gallimard, 1949, t. VIII, p. 563, 592 et 983.

quelque jour comme je vous aime!» Tout
de même, Mme de Mortsauf mourante
n'avouait-elle pas à Félix de Vandenesse
qu'il avait été dans sa vie ce qu'est Dieu en
son royaume[1], comme pour exprimer son
amour à Jenny Colon, Nerval lui écrivait:
«mon amour pour vous est ma religion»[2]?
Ainsi, l'amour de Mariana Alcoforado pour
le comte de Saint-Léger n'avait-il pas été
qu'une conversion à l'envers? Sans qu'elle
ait eu à changer un seul mot à l'expression de
sa dévotion, ne fit-elle pas que tourner vers
une personne vivante les mêmes sentiments
de soumission et d'adoration qu'elle réser-
vait auparavant à Dieu? Comme elle avait
tout sacrifié à l'un, elle s'apprêtait à tout
sacrifier à l'autre. «Je vous ai destiné ma vie
aussitôt que je vous ai vu, et je sens quelque
plaisir en vous la sacrifiant» écrit-elle en
effet au jeune comte, de même que Mme de

---

1. Cf. H. de Balzac, *Le Lys dans la vallée*, p. 1018.
2. G. de Nerval, Lettre XII à Jenny Colon, in *Œuvres*, Bibl.
de la Pléiade, t. I, Paris, 1956, p. 734.

Mortsauf reconnaissait qu'«il y a d'excessives voluptés à se sentir brisée par celui qu'on aime». Aussi la passion amoureuse s'éprouve-t-elle aussi totale, aussi exclusive que la dévotion religieuse : «je suis résolue à vous adorer toute ma vie, et à ne voir jamais personne», écrit à son amant la jeune Portugaise. Et comme une âme religieuse se persuade de vivre sans cesse sous le regard de Dieu, c'est à son amant qu'elle voue chacune de ses pensées, chacun de ses gestes, comme s'ils lui étaient consacrés. «Je suis si jalouse de ma passion qu'il me semble que toutes mes actions et tous mes devoirs vous regardent.»[1]

Or qu'exprime cette analogie de la vie religieuse et de la vie amoureuse ? Que cherche-t-on dans la foi qu'on puisse aussi bien trouver dans l'amour ? Quelle même vérité de la conscience se révèle dans la

---

1. Cf. *Lettres de la religieuse portugaise* (1669), Paris, Le Club français du livre, 1966, pp. 7, 13, 83. Cf. aussi Balzac, *Le Lys dans la vallée*, pp. 1017-1018.

similitude de ces aspirations ? 1) Aussi bien la foi que l'amour mettent fin à une attente. Dieu promet à l'une ce que l'amour découvre à l'autre : de coïncider enfin avec soi en s'unissant à un autre. Ce que la foi appelle béatitude est ce même bonheur qu'un amant reçoit de la femme aimée lorsqu'il n'est tel émerveillement qu'un plus bouleversant ne doive suivre encore. 2) Comme l'union à Dieu, l'union à la personne aimée suppose un retranchement par rapport au monde, un écart, une forme de dissidence ou même de sécession. L'une et l'autre trouvent en effet leur origine dans quelque insatisfaction primitive. Faute d'avoir leur patrie dans le monde, il leur faut chercher ailleurs une réalité qui ne leur soit pas étrangère. La foi l'espère de l'au-delà. L'amour la découvre dans une autre personne. « Rien n'existe à mes yeux que ton amour » dit Anna Karénine à Vronski. Le reste n'est plus rien. 3) Avoir la foi, c'est comme se sentir aimé. C'est s'émerveiller de se sentir à tout instant exister pour un autre. Comme la conscience religieuse se rassure du regard que Dieu porte constamment sur elle, la conscience amoureuse s'émerveille de l'émotion qu'elle suscite en une autre conscience. Ainsi, évoquant son ancien amant, «lui seul, le premier, m'appréciait à ma valeur» se rappelle Véronique Graslin[1]. C'est pourquoi être aimé, c'est comme croire en Dieu. C'est en recevoir la certitude d'exister. Plus de solitude dès lors. Plus d'opacité. Mon être a cessé d'être un problème. Il a sa réalité dans le souci ou la dilection qu'un autre en a. 4) Mais de la foi comme de l'amour on attend surtout de sentir notre vie s'accomplir en se diffusant dans une autre. Qu'est-ce en effet que la foi sinon le désir d'accomplir en soi la volonté d'un autre et de n'exister qu'entre ses mains (*in manus tuas*) ? Aussi la conscience religieuse se sent-elle d'autant plus intensément unie à la divinité qu'elle s'offre pour elle à la douleur et au sacrifice.

---

1. H. de Balzac, *Le Curé de village*, p. 763.

Plus elle se sent souffrir, plus elle sent le don qu'elle fait d'elle-même à Dieu, plus elle sent son union avec Lui. Ainsi en va-t-il de la conscience amoureuse qui sent sa vie d'autant plus intensément s'accomplir qu'elle la transfuse dans celle de la personne aimée. Ce désir de ne faire qu'un avec elle n'exprime donc en fait que celui de lui communiquer notre propre vie, notre propre énergie, notre propre élan, comme s'il s'agissait de vases communicants. L'expérience de l'amour manifeste donc que la vie, comme l'énergie, est un flux. Au lieu qu'il s'épuise et se supprime en se diffusant hors de soi, il s'y exprime au contraire, et se réalise en s'épanchant. Aussi la première prière que fasse l'amour est-elle moins pour obtenir que pour donner. « Laissez-moi vous aimer » demande celui qui aime. Et cela signifie, comme dans la vie religieuse : « Acceptez que je vous serve. »

C'est en ce sens, comme l'observait la jeune religieuse portugaise, que la religion prépare à l'amour. Dans l'expérience religieuse comme dans la passion amoureuse, la vie de chacun est suspendue à une autre, et chacun ne sent de la sienne que ce qu'il voudrait en donner. Dans la foi comme dans l'amour, le désir de chaque conscience est d'être si indissolublement unie à l'être aimé qu'elle s'en voudrait inséparable. Aussi imagine-t-elle comme une volupté de se sentir absorbée par lui comme s'il se l'assimilait. Qu'est-ce en effet que devenir sa chose sinon abjurer toute singularité et toute résistance, résilier toute volonté, le servir sans cesse, et n'exister que pour lui complaire ?

Quelque don qu'on veuille faire, il ne suffit pas toutefois de l'offrir pour qu'il soit accepté. Avec quelque abnégation et quelque dévotion qu'on souhaite se vouer à une personne, peut-on jamais être assuré de ne pas l'importuner, ou qu'elle ne s'en lassera pas ? Même en ayant ensemble communié dans l'absolu, suffit-il d'en garder le souvenir pour que ce qui avait été dût être encore ? Il n'y a là-dessus serment ni fidélité qui vaillent. C'est parce qu'on aime qu'on s'engage à aimer toujours. Mais c'est un engagement qu'il ne dépend pas de nous de tenir. C'est ce qui fait de tous les serments de fidélité une assez vaine rhétorique. Tant qu'on aime, on se sent en effet si indissolublement lié à la personne aimée qu'on ne pourrait pas même imaginer de lui être infidèle. Pour que la fidélité devînt une vertu, il faudrait donc qu'on eût en fait cessé d'aimer. Ainsi s'obligerait-on à ne rester fidèle qu'à ce qu'on n'aimerait plus. Autant dire, par conséquent, que la fidélité n'aurait de sens que lorsqu'elle n'en aurait plus. Comme le remarque Benjamin Constant, « ni résolution ni devoir ne peuvent ranimer un sentiment éteint ».[1] Avec tant de passion que Lady Dudley ait aimé Félix de Vandenesse, à la fin du *Lys dans la vallée* elle ne le connaît plus. « Quant à notre intimité, à cette passion éternelle, à ces serments de mourir si je cessais

---

1. Cf. B. Constant, *Adolphe*, p. 75.

de l'aimer, tout avait disparu comme un rêve. Je n'avais jamais serré sa main, j'étais un étranger, elle ne me connaissait pas. »[1] Car l'absolu est sans restes. Il n'y en a pas plus de souvenir que de miettes. Aussi n'y a-t-il en amour d'union si totale, si intime, si fusionnelle, qui ne s'angoisse toujours de pouvoir se défaire et de n'être qu'en sursis. «Je vous ai aimé comme une insensée, écrit Mariana Alcoforado. Que de mépris j'ai eu pour toutes choses! Il faut pourtant que vous ayez eu pour moi de l'aversion naturelle puisque vous ne m'avez pas aimée éperdument. N'avez-vous jamais fait quelque réflexion sur la manière dont vous m'avez traitée? Ne pensez-vous pas que vous m'avez plus d'obligation qu'à personne au monde? N'avez-vous pas cherché d'autres plaisirs? Quand est-ce que mon cœur ne sera plus déchiré?»

Cette seule incertitude suffit à faire de l'amour le pire des tourments. Aussi est-ce

____

1. Cf. H. de Balzac, *Le Lys dans la vallée*, p. 1027.

la douleur de l'amour, cette fois, qui prépare à comprendre les leçons de ténèbres de la religion. Ayant communié avec l'absolu en s'unissant à la femme aimée, chaque amant trompé est comme le crucifié. En même temps qu'il a tout donné, tout lui a été retiré. C'est ce qui fait la lamentation de Mesa après avoir découvert la trahison d'Ysé :

*« Ah ! je sais maintenant ce que c'est que l'amour !
et je sais ce que Vous avez enduré sur votre croix,
   dans ton cœur,
si vous avez aimé chacun de nous comme j'ai aimé
   cette femme. »*

Une frénésie possessive

Qu'il est possible d'échapper à l'angoisse de la solitude et à la fadeur de l'existence, voilà donc ce qui a été révélé aux amants dans le paroxysme et la douceur de leur communion. Du même coup, et comme par réaction, il n'est aucune forme de distance, de rétraction, ou d'opacité, qu'ils ne ressentent avec effroi comme un début de solitude. Aussi en viennent-ils parfois à vouloir tellement s'incorporer ou s'assimiler la personne aimée qu'elle n'a plus d'existence hors d'eux-mêmes. Telle est la contradiction dont vit et se déchire l'amour. En même temps que tout bonheur lui vient de cette altérité, cette altérité fait aussi son malheur. Rien ne lui est plus indispensable, et il n'est rien qu'il puisse moins supporter.

Aussi ne suffit-il plus alors à l'amour de s'émerveiller et de se rassurer sans cesse par la présence de la personne aimée. Il lui faut encore en tout savoir, connaître chacune de ses pensées et jusqu'au moindre de ses souvenirs. C'est ce que décrit le docteur Alavoine dans la *Lettre à son juge*. «Si l'on me demandait aujourd'hui à quoi on reconnaît l'amour, si je devais en établir un diagnostic, je dirais : "D'abord le besoin de présence." Je dis bien un besoin, aussi nécessaire, aussi absolu, aussi vital qu'un besoin physique. "Ensuite la soif de s'expliquer." La soif de s'expliquer soi et d'expliquer l'autre, car on est tellement émerveillé, on a tellement conscience d'un miracle, on a tellement peur de perdre cette chose qu'on n'avait jamais espérée, qu'à toute heure on éprouve le besoin de se rassurer, et, pour se rassurer, de comprendre. »[1]

---

1. G. Simenon, *Lettre à mon juge*, I, 738-739.

A juste titre Simenon identifie la rencontre amoureuse à un miracle. Contre toute vraisemblance, contre toute probabilité, elle a en effet réalisé l'impossible. De façon aussi imprévisible qu'incompréhensible, elle nous a procuré ce qu'on ne saurait même en rêve espérer de l'existence. Ce que le propre de la vie est de toujours attendre en vain, un hasard nous l'a soudain découvert. Nous avons fini de souffrir. Non seulement une présence inconnue a mis fin à notre solitude, mais il n'y a jusqu'à la lassitude de l'attente qu'elle n'ait en un instant levé. Car elle n'a pas seulement partagé notre désarroi. En nous accueillant en elle, elle nous a hissés jusqu'aux confins de l'absolu. Or le propre d'un miracle n'est-il pas de ne pouvoir durer ? Quand il s'est produit une fois, c'est en vain qu'on attendrait qu'il se répétât. Ainsi en va-t-il de l'amour. La plus fortuite présence a précipité sur nous une trombe de grâce. Quand on a connu autant d'intense allégresse avec une aussi simple paix, comment pourrait-on accepter de vivre encore en ne les ayant plus ? Plutôt que de devoir la perdre, sans doute aurait-il mieux valu ne l'avoir jamais trouvée. Aussi y a-t-il, inhérente à l'amour, *une hantise de la perte*. A peine François Combe a-t-il rencontré Kay qu'il sent l'étau de son angoisse se resserrer à l'idée qu'elle puisse n'être plus auprès de lui. « Il lui semblait n'être bien qu'auprès d'elle. Il avait une peur lancinante d'en être séparé, une peur atroce de la perdre et de retrouver sa solitude. » De même, quoique Martine n'eût encore été pour lui que la compagne d'une nuit, le docteur Alavoine était saisi d'une sorte de panique à l'idée qu'elle fût libre, qu'elle pût s'éloigner, rencontrer un autre homme, vivre ailleurs et sans lui. « J'avais si peur de la perdre ! se rappelle-t-il. Je ne voulais déjà plus qu'elle vît personne. Je ne le savais pas encore moi-même. » Même une petite prostituée comme Laïde, dans le roman de Buzzati, Dorigo ne pouvait l'avoir auprès de lui sans déjà souffrir d'avoir à la quitter. A peine la retrouvait-il que c'était à chaque fois pour la perdre à nouveau. Cette sensation intense d'exister qu'il trouvait auprès d'elle, n'allait-elle pas l'en priver à jamais ? Aussi endurait-il dans l'angoisse tout le temps qu'il passait à l'attendre. Chacune de ses absences était une torture dont le tourmentait son imagination. « Qu'allait-elle faire à Modène ? Qui l'y attendait ? Que fera-t-elle ce soir ? Avec qui est-elle en ce moment ? Tant de choses peuvent se passer ! Un nouvel intérêt n'a-t-il pu se glisser dans sa vie ? Ne l'en a-t-elle pas effacé ? Mieux vaudrait la rupture que cette brûlure insupportable. »[1] Aussi aspirait-il à s'en détacher comme à s'arracher de l'enfer. Mais voilà ! Pour que Dorigo échappât à cette angoisse de la perdre, il aurait fallu que la vie ne lui parût pas s'interrompre dès qu'il cessait de la voir. Il aurait fallu cessé d'aimer.

---

1. Cf. G. Simenon, *Trois chambres à Manhattan*, I, 209, 237 ; *Lettre à mon juge*, I, 710 ; D. Buzzati, *Un amour*, pp. 108-109, 122, 202.

Par ailleurs, comment l'amour ne se sentirait-il pas aussi précaire que menacé en ne devant d'exister qu'à la plus fortuite des rencontres ? Ce que le plus banal des hasards avait pu faire, pourquoi un autre ne le déferait-il pas ? Il suffit en effet de se rappeler comment les choses ont commencé pour redouter qu'elles puissent finir tout aussi banalement. Le drame ici est en fait celui d'*une disproportion*. Car *ce qui est exposé à finir n'est pas la même chose qu'on s'était risqué à commencer*. Entre l'acteur et la paumée, que s'était-il passé sur la banquette défoncée d'un bar de Manhattan ? Il ne s'agissait pour eux que de tuer le temps jusqu'au matin, et d'oublier leur solitude. « Se connaîtraient-ils encore dans une heure, dans une demi-heure ? Parce que rien ne leur permettait d'entrevoir un avenir possible, ils s'attardaient sans but, sans entrer nulle part. Ils n'y pensaient pas. » N'importe quoi et n'importe qui auraient donc aussi bien fait l'affaire. Puisqu'elle l'avait suivi sans le connaître, n'aurait-elle pas aussi bien suivi n'importe qui ? Ne lui avait-elle pas même avoué qu'elle était décidée, « cette nuit-là, à suivre le premier homme venu » ? L'un et l'autre étaient donc bien loin d'imaginer, en pénétrant dans l'hôtel où ils allaient passer la nuit, qu'elle ne serait pas la dernière. Elle leur fut une révélation. Sans qu'aucun d'eux ne s'y fût attendu, ils avaient découvert non seulement la douceur d'être ensemble, mais le prodigieux vertige d'avoir ensemble frôlé l'absolu. Quand ils étaient montés dans cette chambre, ils ne pensaient qu'à finir la nuit, et non à commencer une passion. Telle est la disproportion. Comment avaient-ils pu commencer comme une passe ce qui allait être le grand amour de leur vie ? Comment avait-elle pu se conduire avec lui comme avec n'importe qui, et, bien plus sordidement encore, envisager d'aller avec n'importe qui comme si c'eût été lui ?[1] Qu'il puisse n'y avoir aucune homogénéité entre ce qui avait précédé et ce qui avait suivi inspire assez peu de confiance dans une

______

1. Cf. *Trois chambres à Manhattan*, I, 208, 214, 236.

causalité aussi erratique. Aussi ne pouvait-il que s'angoisser d'imaginer ce qu'il y avait eu de plus important dans sa vie à la merci d'un aussi minable quiproquo. Car était-ce bien lui qu'elle aimait, celle qui l'avait suivi comme elle en aurait suivi un autre ?

Ce doute empoisonne l'amour. Car la communion qu'il suscite fait imaginer le mythe d'une sorte de prédestination, comme si chacun des amants avait attendu de rencontrer l'autre pour que lui fût révélée la douceur d'exister. « C'était comme s'il avait été convenu de tout temps qu'ils s'en iraient ensemble. » Que la personne aimée vive avec lui tout aussi banalement qu'elle vivait sans lui, l'amant ne peut donc le constater sans douleur. En la voyant perpétuer les mêmes gestes, les mêmes habitudes, en fréquentant les mêmes lieux, comment ne souffrirait-il pas que le présent ne fût qu'une modalité du passé ? Comment supporter qu'elle ait fait avec tant d'autres ce qu'elle faisait aujourd'hui avec lui ? Si leur amour n'avait pas effacé tout ce qui le précédait, n'en était-il pas que la suite ? C'est *la douleur de la banalité.* Comme dans une sorte de prurit, cherchant en toute occasion à réveiller sa douleur, François Combe interrogeait Kay. Ce chemin, avec qui l'avait-elle *déjà* parcouru ? Ce restaurant, avec qui y était-elle *déjà* entrée ? Ce disque qu'elle venait de choisir, avec qui l'avait-elle *déjà* entendu ?[1] La fureur de sa jalousie était ainsi suscitée par le fait que leur rencontre n'eût pas produit dans la vie de Kay une irréductible césure entre un passé qui était mort et la vie qui commençait. Comme si elle n'avait fait que changer de partenaire, il lui semblait tenir dans les mêmes décors le même rôle que d'autres y avaient *déjà* joué avec elle. Ce n'était qu'une répétition. Sans bouleversement ni révélation, il ne s'était donc rien passé pour elle que d'anecdotique et d'insignifiant. Comme il s'était trompé ! Il avait cru être pour elle ce qu'elle avait été pour

---

1. *Ibid.*, pp. 246-248.

lui. Il n'était en fait qu'un remplaçant, une doublure. Il était l'ersatz d'un autre. La jalousie consiste donc ici dans le sentiment d'une double méprise. D'une part, rien n'était aussi relatif que ce qu'il avait pris pour la révélation de l'absolu. D'autre part, et contrairement à ce qu'il avait imaginé, il se retrouvait aussi seul qu'avant, puisque ce qui avait été si bouleversant pour lui semblait l'avoir été si peu pour elle.

Car le propre de l'amour est de s'éprouver comme une nouvelle naissance. S'être trouvés, c'est comme avoir ressuscité de soi-même. Une nouvelle existence commence, en laquelle ne subsistera plus rien des lourdeurs ni des trivialités de l'ancienne. Confessée par un des personnages de Simenon, telle est cette violente aspiration à « recommencer une vie à zéro »[1]. C'est ce que l'amour semble promettre à ceux qui en ont reçu la révélation. Par la même fulguration dont il aurait fait naître un homme

---

1. *Ibid.*, p. 218.

nouveau, il aurait aboli l'ancien. Entre le passé et le présent, telle serait la césure que plus rien ne subsisterait du premier dans le second. Egrener le passé, l'évoquer, se le rappeler, s'y référer, ce serait faire injure au présent. Car en supposant la personne qui se souvient identique à celle qu'elle était, on ferait du présent un reste du passé ou du passé une annexe du présent. En acceptant comme un fait l'identité de la personne et la continuité du temps, on prend parti contre la possibilité de tout abolir et tout recommencer. En ne faisant ainsi de l'amour qu'un moment de la vie, on nie tout autant la force de sa révélation que sa puissance de renouvellement. Aussi n'y a-t-il d'amour qui ne sente douloureusement, comme s'il avait été incapable de l'abroger, le passé s'insinuer encore parfois dans le présent. Même le fait tout banal que Kay se reconnût et se dirigeât machinalement dans le labyrinthe d'un immense building en manifestait à l'acteur français une si longue habitude qu'il avait aussitôt senti la tenaille de la jalousie[1]. Car toute habitude est à la fois une perpétuation et une sédimentation du passé dans le présent. Aussi François Combe souffrait-il, quoiqu'il la connût à peine, que Kay ne fût pas toute à lui puisque *subsistait en elle*, ne serait-ce que dans ses souvenirs et ses habitudes, toute une partie de sa vie dont il ne savait rien. Ainsi, dans cette débâcle qui les avait fortuitement poussés l'un vers l'autre en 1940, un couple d'amants se découvre au matin dans une gare inconnue : c'est Blois. « J'ignorais tout de sa vie. Je ne connaissais pas la Loire. "— Tu es déjà venue ?" ai-je demandé à Anna. Elle a hésité à me répondre oui. Devinait-elle qu'elle me faisait un peu mal, et que j'aurais préféré qu'elle n'eût pas de passé ? »[2] Tel est en effet l'amour. Ce qui fait mal, c'est que le passé n'est en fait jamais passé. Il est toujours là. Il est cette part impénétrable que chacun porte en soi, et qu'il est

1. *Ibid.*, p. 207.
2. G. Simenon, *Le Train*, XI, 62.

impossible à personne de jamais partager. Qu'il y ait quelque chose d'elle qui ne puisse être à moi : c'est la souffrance des amants.

Cette souffrance s'aiguise toutefois jusqu'à la torture en devant constater combien la réalité de la personne aimée conteste l'image qu'on s'était complu à en former. François Combe « voyait Kay traînant la nuit dans les bars avec d'autres hommes que lui, quémandant un dernier verre, allumant une dernière cigarette, et il la voyait attendant l'homme sur le trottoir, la démarche un peu maladroite à cause de ses hauts talons. [...] Il souffrait alors trop pour avoir pitié d'elle. » Un autre roman de Simenon met en scène, dans une petite ville de province, un médecin épris d'une pauvre fille. Ayant partout traîné, elle est servante dans un café. Chacun la bouscule, la plaisante, la rudoie. A défaut d'être consentante, du moins ne résiste-t-elle guère à ceux qui lui proposent de les accompagner. « Lorsqu'on a commencé, comme moi, à quatorze ans, on n'y attache pas d'importance. Quand il a su, j'ai pensé qu'il allait me tuer. Je sentais qu'il souffrait horriblement.» Telle était sa rage, en pensant aux caresses qu'elle avait subies, «qu'il lui échappait parfois des cris de haine et de désespoir». C'est aussi ce qui fait la souffrance de Dorigo, dans le récit de Buzzati. Tantôt, en effet, il se représentait avec tendresse ce qu'il y avait encore chez Laïde de rêves enfantins, de spontanéité, de naïveté, et presque d'innocence. Et tantôt il lui fallait bien aussi l'imaginer se hâtant aussitôt qu'on lui annonçait un client, docile à toutes les exigences, se pliant à tous les caprices, et livrée comme la plus vile chose aux mains les plus ignobles.[1] A celui qui aime s'imposent alors *deux évidences*. Quoiqu'il n'en puisse récuser aucune, les deux sont néanmoins contradictoires. Car il y a deux femmes, deux réalités, deux mondes dans celle qu'il ne peut s'empêcher d'aimer.

---

1. Cf. G. Simenon, *Trois chambres à Manhattan*, I, 248 ; *Maigret a peur*, VI, 588 et 620 ; D. Buzzati, *Un amour*, pp. 72-75.

Il y a celle dont la douceur et la complicité ont brisé sa solitude. Et puis il y a celle qui aguiche les hommes dans les bars, se laisse inviter, et suit n'importe qui. Comment est-il possible que ce soit la même ? Laquelle est la vraie ? Le drame est que ce soit effectivement *la même* qu'on ne puisse aimer sans la détester ni détester sans l'aimer. La jalousie consiste alors à sentir que nous échappe ce qu'on avait imaginé tenir, et à découvrir l'étrangeté de ce dont on s'était cru inséparable. Suscitée par un sentiment à la fois de proximité et d'éloignement, d'intimité et d'insécurité, *la jalousie naît de sentir fissurée sa propre identité.* Aussi le jaloux retourne-t-il contre l'autre la fureur de son propre déchirement.

A tous les tourments de la jalousie, il n'y a qu'une origine. C'est qu'on ne peut éprouver d'amour pour une personne sans tellement souffrir de son absence que sa présence ne nous devienne un véritable besoin. En même temps que l'amour seul nous rend l'existence supportable, il nous la rend insupportable dès que nous ne sommes plus à tout instant rassurés contre notre solitude et notre angoisse par la présence aimée. Précisément parce qu'il s'agit d'une sorte de grâce, de révélation, de miracle, nous craignons d'autant plus de les perdre que nous en sommes plus émerveillés. Aussi éprouvons-nous sans cesse *le besoin* de nous en rassurer. Même une aussi décevante et aussi mièvre gamine que celle dont maître Gobillot avait accepté la défense, il cessait de vivre dès qu'il cessait de la voir. « Le fait essentiel, avait-il consigné, est que je ne peux me passer d'elle, que je souffre physiquement quand j'en suis éloigné. Le fait est que *j'ai besoin* de la sentir près de moi, de la regarder vivre, de respirer son odeur. » De même, François Combe « se rendait compte que Kay lui était devenue indispensable ». Il éprouvait à tout moment « un besoin douloureux de sa présence ». Ce *besoin*, il n'y avait rien que le docteur Alavoine essayât davantage de faire comprendre à son juge.

« Il y a une chose que je savais, une seule, c'est que je ne pouvais plus me passer d'elle, et que j'éprouvais une douleur physique aussi violente que celle du plus souffrant de mes malades dès qu'elle n'était plus près de moi, que je ne la voyais plus. »[1]

Et pourtant, si indispensable que soit cette présence, et si merveilleux qu'il soit d'aimer, ce n'est pas cette présence qui nous émerveille. Maître Gobillot est sans illusion sur Yvette. Pas plus physiquement que moralement, elle ne correspond au type de femme qu'il eût aimé. La petite Française rencontrée dans un bar de New York, cette indispensable Kay, François Combe ne la trouvait « ni belle, ni séduisante ». De même Dorigo ne trouvait « même pas belle, et même vraiment médiocre » cette petite prostituée qu'il aurait pourtant voulue sans cesse près de lui « quoiqu'elle ne lui appor-

---

1. Cf. G. Simenon, *En cas de malheur*, VIII, 474 ; *Trois chambres à Manhattan*, I, 217, 222, 278, 289 ; *Lettre à mon juge*, I, 714.

tât aucune volupté ». La seule chose qu'on puisse donc attendre de leur présence, c'est d'être momentanément rassuré contre l'angoisse de les avoir perdues. C'est l'apaisante certitude qu'il sera encore possible d'oublier avec elles la fadeur de la vie et de sentir intensément notre vie s'unir à la leur. Le merveilleux, c'est la possibilité de *sentir sa propre vie bouleversée d'en bouleverser une autre*. Telle avait été la révélation. Presque tout naturellement, presque spontanément, elle suscite cette sorte de délire fusionnel par lequel il semble aux amants qu'ils pourraient n'en jamais finir de se communiquer l'un à l'autre, de se posséder, de s'absorber jusqu'à se résorber l'un dans l'autre.

Malebranche avait pensé qu'avant sa naissance un enfant était si uni à sa mère que leurs deux âmes se partageaient un même corps. Aussi n'y avait-il émotion ni désir de l'une dont l'autre ne fût aussitôt affectée. Obsédés par leur désir d'unité, bien des amants forment le fantasme contraire : ils voudraient n'avoir deux corps que pour plus intensément sentir l'identité de leur âme. Aimer, à ce compte, serait la clandestinité d'un seul être s'exprimant en deux corps. C'est ce qu'explique Simenon d'un de ses personnages : « ce n'est pas tant de sa chair qu'il avait envie que de la sentir à lui, toujours davantage, tellement à lui que rien ni personne ne puissent faire d'eux des êtres distincts. »[1] Fantasme d'unité, d'inséparabilité, d'accaparement, d'annexion ? Le fait est que la jalousie révèle quelque invincible désir de se renfermer avec la personne aimée en *un monde* qui leur serait propre et inaccessible à tout autre. Aussi n'y a-t-il d'observation plus récurrente que cette aspiration de nombreux amants à « se retrancher du reste du monde », soit que tout leur y soit danger, soit qu'ils aient le sentiment de ne plus lui appartenir, comme s'ils n'avaient plus de

---

1. G. Simenon, *Pedigree*, II, 663.

semblables. Tel est d'ailleurs le constat qu'en dresse Ysé dans *Partage de midi* :

« Voilà le passé et l'avenir en même temps
Renoncés, et il n'y a plus de famille, et d'enfants et
de mari et d'amis,
Et tout l'univers autour de nous
Vidé de nous… »[1]

Le plus simple et le plus convaincant serait de penser qu'en ayant ensemble communié dans le plaisir, cette secrète exploration de l'absolu leur aurait fait éprouver aussi insignifiant qu'étranger tout ce qui ne s'y rapporte pas. C'est en eux-mêmes que l'amour leur aurait fait découvrir tout ce qu'on peut attendre de l'existence. Aussi Simenon décrit-il un couple d'amants comme « deux solitaires qui, cherchant à creuser toujours plus avant leur solitude, avaient réduit leur univers à leur appartement, à leur chambre, à leur lit, s'y battant

---

1. P. Claudel, *Partage de midi*, acte II, p. 1030.

désespérément contre l'impossibilité de s'intégrer plus complètement l'un à l'autre qu'il n'est permis à un mâle et à sa femelle ».[1]

Une observation plus attentive nous montre toutefois que ce monde singulier où les amants rêvent de s'isoler n'est que très exceptionnellement celui de l'ardente volupté. Il ne s'agit le plus souvent que d'une inconditionnelle complicité assurant à chacun la connivence de l'autre. Chacun vivait au secret, garrotté par sa solitude, et doutant de pouvoir jamais la rompre. Or, comme s'il était possible que son existence importât à quiconque, voici qu'un jour l'un d'eux a rencontré le regard de l'autre, lui a souri, a même consenti à lever pour lui les barrières par lesquelles tout être se protège des autres. Ensemble, clandestinement, ils ont transgressé la loi qui interdit à toute personne de devenir objet pour un autre. Ce presque inavouable secret les unit

---

1. Cf. G. Simenon, *L'Escalier de fer*, VI, 738.

désormais autant qu'il les sépare de tous les autres. Autant par gratitude que par confiance, ces deux solitudes vont alors inventer une solitude à deux. Chacun ayant dans l'autre son refuge, ils seront à jamais unis et solidaires contre le monde. Avoir retrouvé le regard d'une mère dans celui d'une sœur, et le dévouement d'une sœur dans les soins d'une inconnue, il n'est pas rare qu'on appelle aussi cela l'amour.

Aussi pressent-on que le principal ressort de l'amour soit une si originaire et si navrante solitude qu'on s'angoisse d'y retomber au moindre secret de la personne aimée. « Dès qu'il existe un secret entre deux cœurs qui s'aiment, dès que l'un d'eux a pu se résoudre à cacher à l'autre une seule idée, observe en effet Benjamin Constant, le charme est rompu, le bonheur est détruit. »[1] Or d'où vient cette solitude ? Une toute banale locution en retient l'expérience et nous en livre la

---

1. B. Constant, *Adolphe*, p. 75.

vérité. Pour désigner le fait de naître et de commencer à exister, la langue commune dit que nous venons au monde. Si nous y venons, c'est comme en arrivant d'ailleurs, en étrangers. Et en effet, que se représente spontanément la conscience ? Par le seul fait de se le représenter, elle s'exclut de ce qu'elle voit. Aussi a-t-elle toujours vu tous les autres ensemble dans le monde, chacun à sa place et déjà installé, sans avoir jamais pu s'y voir avec eux. De là vient que *ce fut toujours pour elle une seule et même chose de se représenter l'existence des autres et de s'en éprouver retranchée.* Aussi n'y a-t-il pour elle d'expérience plus originaire que celle de sa solitude.

Outre le fait que notre condition sexuée fait de notre propre corps l'attente d'un autre corps, notre originaire exclusion nous fait désirer de *devenir pour les autres ce que les autres sont pour nous* : des objets ayant leur place dans le monde, où leur existence est d'autant plus attestée qu'elle occupe davantage la conscience des autres. Quelle certitude avons-nous alors d'exister, si ce n'est pour un autre ? C'est en devenant un des objets de son attention, de son émotion, ou de son désir, que nous commençons à exister pour lui. Nous voici du même coup affranchis de l'originaire solitude. Je le vois en effet me voir lorsque nous nous regardons. Une caresse, en même temps qu'elle me fait sentir l'insistance de sa peau sur la mienne, me fait aussi sentir la sienne captivée par la mienne. Parce que nous nous sentons d'autant plus intensément exister que nous nous sentons exister pour autrui, rien autant que l'amour ne nous procure la certitude sensible de notre existence, et la fin de notre solitude.

Voilà sans doute pourquoi nous nous sentons sur le point d'y être à nouveau relégués au moindre retranchement de la personne aimée dans le secret de son intériorité. Non seulement le moindre mensonge la sépare de nous comme si elle s'en cachait, mais il n'est même si anodin souvenir où elle ne puisse continuer de mener à notre insu une vie dont nous sommes exclus. Même présente, même offerte à nos caresses, tout nous la dérobe. Le seul moment où elle soit toute à nous est celui où nous la sentons si intensément unie à elle-même dans le plaisir qu'elle ne puisse se dérober au présent. Aussi peut-on comprendre cette naïveté de vouloir tout connaître de la personne aimée, les plus fortuites de ses rencontres, les gens qu'elle a connus, quelles relations elle avait avec eux, où, quand, comment.[1] Autant qu'inutile, une telle quête est évidemment sans fin. Elle exprime un tel désir fusionnel qu'on voudrait faire sienne jusqu'à la conscience de la personne aimée, sans qu'il y eût un seul de ses souvenirs, de ses désirs, de ses émois, qu'on ne pût faire nôtre en l'imaginant, c'est-à-dire en le reproduisant en nous. Aussi l'amour a-t-il peut-être sa vérité dans le fantasme de tellement s'identifier à la personne

---

1. De même que chez Proust, on trouve chez Simenon d'assez nombreux exemples de cette frénésie inquisitoriale. Cf. p. ex. *Trois chambres à Manhattan*, I, 246-251 ; *Lettre à mon juge*, I, 725-728.

aimée, ou de tellement se l'assimiler, qu'on ne fasse avec elle qu'un seul être. « J'avais besoin d'aller prendre possession même de son enfance, car j'étais jaloux de son enfance aussi, avoue le docteur Alavoine. Plus elle était mienne, plus j'éprouvais le besoin de l'absorber davantage. De mon côté, j'aurais voulu me fondre entièrement en elle. J'ai été jaloux de sa mère, jaloux de son petit neveu qui a neuf ans, jaloux d'un vieux marchand de bonbons qui l'avait vue gamine. »[1]

Tel est alors le paradoxe de l'amour que, par crainte de la solitude, il rêve de s'enfermer avec la personne aimée dans une solitude plus étanche encore. Car le propre du rêve est qu'il puisse récuser jusqu'à l'effacer toute autre réalité. Aussi imagine-t-on tout naturellement qu'on pourrait être l'un à l'autre le monde entier si on parvenait, comme dans le rêve, à mettre le monde hors jeu. La folie de l'amour va donc consister à tenter de vivre en réalité comme

---

1. Cf. G. Simenon, *Lettre à mon juge*, I, 759-760.

on vit seulement dans les rêves, en s'excluant du monde à défaut de pouvoir l'effacer. C'est ce qui explique tous les fantasmes de séquestration. On se rappelle, chez Proust, que pour ôter à quiconque jusqu'à l'idée de retrouver et de séduire Albertine, le narrateur avait interdit que même son nom fût jamais prononcé. Qu'il n'y ait pour elle pas plus d'occasion que de moyen de fuir, voilà ce dont l'amour tente de se rassurer. Ne serait-il pas aimé comme s'il n'y avait rien d'autre au monde, celui qui aimerait une recluse ?

L'existence transfigurée

Il nous faut donc reconnaître deux types d'amours. L'un et l'autre éprouvent un même besoin de l'autre, le bienheureux vertige de communier avec lui, et la secrète mais constante angoisse de le perdre. Toute différente est néanmoins la forme que prend chacun d'eux. Comme nous l'avons vu, le premier cherche à tellement absorber l'autre qu'il aspire à en effacer l'altérité. Une telle aspiration en révèle l'origine narcissique. Benjamin Constant ne s'en dissimule rien lorsqu'il caractérise sous quelles conditions il imagine possible d'aimer. « Les rapports les plus soutenus doivent unir en tout genre deux époux à toutes les heures et sans aucune séparation, même momentanée. Une femme doit être la partie douce, légère, gracieuse, consolante, reposante, mais par cela même la partie subordonnée de l'existence commune. Toute division d'occupations, de projets, par conséquent toute indépendance d'une femme, permet aux distractions, aux affections, aux insinuations étrangères de s'introduire et de tout corrompre. »[1]

Ainsi qu'en un miroir, on attendrait donc de l'autre qu'il devînt un double de nous-mêmes. Il partagerait nos émotions et nos goûts comme nous voudrions pouvoir partager sa mémoire. De même que chacun renverrait à l'autre son image, de même chacun pourrait-il donc *se retrouver* dans l'autre. En même temps que nous reconnaîtrions dans l'autre notre plus pur et plus intime nous-même, ce que nous aimerions en lui serait l'amour qu'il a pour nous. Aussi pourrait-on dire de l'amour humain ce que Spinoza disait de l'amour de Dieu, à savoir

---

1. Cf. B. Constant, *Journaux intimes*, 3 février 1803, p. 238.

que notre amour pour lui n'est qu'une des manières qu'il a lui-même de s'aimer. C'est cet amour malheureux de soi qui nous ferait alors attendre du regard d'un autre l'image à laquelle nous voudrions nous identifier.

Parce que la personne aimée serait à la fois *la dépositaire* et la gardienne de cette image, nous aurions *en elle* le gage de notre identité. Quoi qui puisse m'arriver, rien ne pourra entamer *en elle* l'image qu'elle a de moi. Comme l'idée que Dieu a de moi est immuablement en lui de toute éternité, l'image qu'en a la personne aimée est semblable à l'idée que Dieu en a. Son amour me garantit d'avoir donc toujours *en elle* mon chez-moi. Me voici donc *en elle* abrité de toutes les mésaventures et de tous les dangers. Quoi qui puisse m'arriver, *en elle* rien ne m'arrivera.

A l'inverse, l'autre type d'amour n'éprouve rien d'aussi émouvant ni d'aussi fascinant que ce qui fait de l'autre un tout autre que moi. Tout au contraire du précédent, n'éprouvant pour soi-même qu'indifférence ou qu'ennui, il sent sa propre existence ranimée par l'émerveillement qu'une autre lui fait éprouver. Comme on aime une œuvre musicale pour la vie tout autre qu'elle nous communique en nous la faisant imaginer, ainsi une autre personne nous bouleverse-t-elle en nous faisant pressentir un style d'humanité que nous n'aurions pas imaginé sans elle. Or c'est son style qui caractérise une œuvre musicale, et rien ne le caractérise autant que l'amplitude ou la brièveté de sa respiration, la douceur ou l'éclat de sa tonalité, l'organisation de ses tensions et de leur résolution. S'en trouvent indiquées autant de manières sensibles de moduler l'attente et de se rapporter au monde. Ainsi en va-t-il de toute personne lorsque son phrasé, le rythme et la modulation de ses attitudes, nous font pressentir quelque forme subtile de sensibilité ou quelque manière originale d'interpréter la vie.

Or, bien loin que nous aimions une œuvre musicale parce que nous nous y reconnaîtrions, c'est *par la singularité* de son expressivité qu'elle nous émeut au contraire, en nous invitant à découvrir en elle *un autre* style d'humanité. Indépendamment de tout caractère formel, c'est cette pathétique expressivité qui nous bouleverse et que nous aimons en elle. Même quand il nous semble entendre en telle partition l'écho de notre tristesse ou de notre mélancolie, ce que nous aimons n'est pas tant de les y reconnaître que de leur découvrir un visage nouveau. C'est de toute semblable façon qu'on s'éprend d'une personne à cause de la musicalité que tout son style exprime. Son style peut n'être pas le nôtre. Du moins communique-t-il à tout ce qu'elle approche la marque de son tempérament et l'expression de sa sensibilité. Tout en est différent. Par le plus simple de ses gestes, elle affranchit le monde de sa banalité. A la manière dont certaines œuvres communiquent à notre vie un surcroît d'énergie et d'intensité, la personne que nous aimons transfigure l'existence par la lumière, la couleur, le tempo que son style y apporte.

Telle femme serait pour nous comme une aria de Mozart, telle autre aurait l'inventive allégresse d'une novelette de Schumann, telle sœur de Mélisande développerait dans l'existence la déconcertante et fragile spontanéité de ses arabesques, comme telle autre nous rappellerait l'exubérante vitalité de Prokofiev ou la tendresse acide des mélodies de Ravel. Les aimer, ce serait tellement s'en émouvoir et s'en émerveiller qu'on voulût répondre à leur attente, comme dans une sonate les inventions du piano suivent la ligne du violon, en préparent l'attaque, ou en accompagnent le chant. Reproduisant intérieurement le style, le rythme et la tonalité qui sont les leurs, nous deviendrions ainsi quelque chose d'elles-mêmes, apportant à leur voix le contre-chant de la nôtre, ou à la ligne de leur mélodie la couleur qui la soutient.

En ce sens, aimer quelqu'un, ce serait être tellement bouleversé par sa musicalité qu'on ne désirât rien tant que l'accompagner, tant on voudrait qu'il ne pût être aussi parfaitement lui-même qu'en l'étant avec nous. L'amour serait donc le contraire du complexe de Pygmalion. Bien loin d'admirer dans la personne aimée ce double de nous-mêmes que nous en aurions fait, on s'émerveillerait qu'elle nous eût associé à la manière si poétique d'exister que nous appelons son style. Le merveilleux de ce que nous aurions été serait alors de l'avoir été pour elle.

Lorsqu'en apercevant les nymphes à l'incarnat léger, le faune de Mallarmé se sent soudain envahi du désir de les perpétuer, il va de soi qu'en se préparant à les aimer toutes il n'en aime véritablement aucune. A supposer que l'amour ne fût pas ici qu'un commode abus de langage, la seule chose qu'ait pu aimer le faune serait alors d'aimer. Sans plus de temps qu'il n'en faut pour dévorer une grappe, et sans plus de regret que pour ces grains qui ont craqué sous la dent[1], l'amour n'est en ce sens que l'ivresse

---

1. Cf. S. Mallarmé, « L'Après-midi d'un faune », in *Œuvres*, Bibl. de la Pléiade, Paris, Gallimard, 1945, p. 51 :

saccageuse de sentir la faiblesse d'une autre chair céder sous la fureur dominatrice de la nôtre. Il n'est donc pas certain qu'un tel amour ne soit en fait fort semblable à celui de l'aigle pour un lapereau ou du loup pour un agneau. Ce qu'on aimerait alors dans l'amour comme en toute autre chasse, ce serait de sentir notre propre vie en annexer une autre, sans qu'il y ait si plaintive volonté qui ne doive plier sous la nôtre.

A cet égard, l'amour de Chérubin n'est que la plus fragile variante des diverses manières qu'a le faune d'aimer. Fanchette, Suzanne, la comtesse, il les convoite toutes. Que toutes puissent céder suffit à les lui rendre toutes désirables. Mais alors que le comte, comme le faune, ne compte que sur sa force pour faire céder les plus rétives volontés, c'est au contraire sur sa faiblesse que compte Chérubin pour apitoyer ses

---

« Ainsi, quand des raisins j'ai sucé la clarté,
Pour bannir un regret par ma feinte écarté,
Rieur, j'élève au ciel d'été la grappe vide… »

proies, et faire de leur apitoiement le commencement d'une tendresse.

Tout autre est donc l'amour que nous évoquons ici. Bien loin de faire servir une autre personne à son plaisir, à son confort, ou à sa vanité, il n'aspire au contraire qu'à subordonner son existence à la sienne, comme si elle ne pouvait mieux se justifier que de contribuer au rayonnement d'une autre. Pour comprendre un tel amour, il faut pouvoir imaginer l'huile d'une lampe s'émerveiller de la flamme qui la consume, mais dont la vivacité ne tarderait pas à vaciller sans elle. Qui aime ainsi a donc dans une autre vie la vérité de la sienne. Tchekhov a décrit dans *La Mouette* cette dévotion par laquelle une personne s'émerveille de contribuer à l'émerveillement qu'une autre lui inspire. La jeune actrice Nina Mikhaïlovna fait parvenir au célèbre dramaturge Trigorine une citation extraite d'un de ses ouvrages. Pour lapidaire qu'elle soit, c'est toute son existence qu'elle offre à l'écrivain pour servir et exalter la sienne. « Si jamais tu avais besoin de ma vie, viens et prends-la. »[1]

Parce que toute vie tend à déborder d'elle-même, il n'y a pas d'existence qui ne sente sa solitude comme une réclusion. Chacune aspire à ce qu'elle peut diffuser ou transfuser d'elle-même dans une autre. Aussi ne peut-elle imaginer ce qu'une autre attend d'elle sans aussitôt désirer répondre à cette attente. C'est ce qui rend l'amour contagieux. A peine a-t-il déchiffré le message de Nina que Trigorine se sent prêt à tout abandonner pour elle. Car y a-t-il rien de plus irrésistible que d'être celui par qui va se fermer la blessure de l'attente ?

---

1. Tchekhov, *La Mouette*, acte III, in *Théâtre*, Bibl. de la Pléiade, Paris, Gallimard, 1967, p. 329.

TABLE

DU MÊME AUTEUR (suite)

Préjugés et paradoxes, PUF, 2007.
Une démence ordinaire, PUF, 2009.
L'Inhumain, PUF, 2011.

Esthétique

L'art ou la feinte passion, Essai sur l'expérience esthétique, PUF, 1983 (épuisé)
L'Ardent sanglot, Cinq études sur l'art, La Versanne, Encre marine, 1994
Le soufre et le lilas, Essai sur l'esthétique de Van Gogh, La Versanne, Encre marine, 1995

Littérature

La jalousie, Etude sur l'imaginaire proustien, Arles, Actes Sud, 1993
Partie réservée à la correspondance, La Versanne, Encre marine, 1994
Le livre de Judas, PUF, 2006 (traduit en catalan, en espagnol, en grec, en italien, et en roumain)
Proust, Les horreurs de l'amour, PUF, 2008
Essai sur la jalousie : l'enfer proustien, PUF, 2010

Sur Nicolas Grimaldi

Didier Cartier, La vie ou le sens de l'inaccompli chez Nicolas Grimaldi, Paris, L'Harmattan, 2008
Sergio Pieri, L'ambiguità del tempo, Saggio su Nicolas Grimaldi, Genova, Ee. Tigher-Genova, 1998
Sergio Pieri, Fenomenologia della solitudine ed enigma dell'io. Studio su Nicolas Grimaldi, Alessandria, Edizioni dell'Orso, 2009

Cet ouvrage a été imprimé par
Dupli-Print à Domont (95)
pour le compte des Editions Grasset
en octobre 2012

Première édition dépôt légal : février 2011
Nouveau tirage, dépôt légal : octobre 2012
N° d'édition : 17440 - N° d'impression : 213697

Imprimé en France

www.ingramcontent.com/pod-product-compliance
Lightning Source LLC
LaVergne TN
LVHW011935060726
842528LV00010B/1905